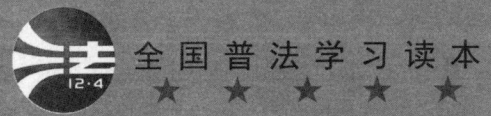

校园与学生管理法律法规学习读本
校园伤害侵害预防法律法规

叶浦芳 主编

加大全民普法力度，建设社会主义法治文化，树立宪法法律至上、法律面前人人平等的法治理念。
——中国共产党第十九次全国代表大会《决胜全面建成小康社会 夺取新时代中国特色社会主义伟大胜利》

汕頭大學出版社

图书在版编目（CIP）数据

校园伤害侵害预防法律法规/叶浦芳主编. -- 汕头：汕头大学出版社（2021.7重印）

（校园与学生管理法律法规学习读本）

ISBN 978-7-5658-3327-4

Ⅰ.①校… Ⅱ.①叶… Ⅲ.①学校管理-安全管理-教育法-中国-学习参考资料 Ⅳ.①D922.164

中国版本图书馆 CIP 数据核字（2018）第 000894 号

校园伤害侵害预防法律法规　XIAOYUAN SHANGHAI QINHAI YUFANG FALÜ FAGUI

主　　编：	叶浦芳
责任编辑：	汪艳蕾
责任技编：	黄东生
封面设计：	大华文苑
出版发行：	汕头大学出版社
	广东省汕头市大学路 243 号汕头大学校园内　邮政编码：515063
电　　话：	0754-82904613
印　　刷：	三河市南阳印刷有限公司
开　　本：	690mm×960mm 1/16
印　　张：	18
字　　数：	226 千字
版　　次：	2018 年 1 月第 1 版
印　　次：	2021 年 7 月第 2 次印刷
定　　价：	59.60 元（全 2 册）

ISBN 978-7-5658-3327-4

版权所有，翻版必究

如发现印装质量问题，请与承印厂联系退换

前 言

习近平总书记指出:"推进全民守法,必须着力增强全民法治观念。要坚持把全民普法和守法作为依法治国的长期基础性工作,采取有力措施加强法制宣传教育。要坚持法治教育从娃娃抓起,把法治教育纳入国民教育体系和精神文明创建内容,由易到难、循序渐进不断增强青少年的规则意识。要健全公民和组织守法信用记录,完善守法诚信褒奖机制和违法失信行为惩戒机制,形成守法光荣、违法可耻的社会氛围,使遵法守法成为全体人民共同追求和自觉行动。"

中共中央、国务院曾经转发了中央宣传部、司法部关于在公民中开展法治宣传教育的规划,并发出通知,要求各地区各部门结合实际认真贯彻执行。通知指出,全民普法和守法是依法治国的长期基础性工作。深入开展法治宣传教育,是全面建成小康社会和新农村的重要保障。

普法规划指出:各地区各部门要根据实际需要,从不同群体的特点出发,因地制宜开展有特色的法治宣传教育坚持集中法治宣传教育与经常性法治宣传教育相结合,深化法律进机关、进乡村、进社区、进学校、进企业、进单位的"法律六进"主题活动,完善工作标准,建立长效机制。

特别是农业、农村和农民问题,始终是关系党和人民事业发展的全局性和根本性问题。党中央、国务院发布的《关于推进社会主义新农村建设的若干意见》中明确提出要"加强农村法制建设,深入开展农村普法教育,增强农民的法制观念,提高农民依法行使权利和履行义务的自觉性。"多年普法实践证明,普及法律知识,提高法制观念，增强全社会依法办事意识具有重要作用。特别是在广大农村进行普法教育，是提高全民法律素质的需要。

多年来，我国在农村实行的改革开放取得了极大成功，农村发生了翻天覆地的变化，广大农民生活水平大大得到了提高。但是，由于历史和社会等原因，现阶段我国一些地区农民文化素质还不高，不学法、不懂法、不守法现象虽然较原来有所改变，但仍有相当一部分群众的法制观念仍很淡化，不懂、不愿借助法律来保护自身权益，这就极易受到不法的侵害，或极易进行违法犯罪活动，严重阻碍了全面建成小康社会和新农村步伐。

为此，根据党和政府的指示精神以及普法规划，特别是根据广大农村农民的现状，在有关部门和专家的指导下，特别编辑了这套《全国普法学习读本》。主要包括了广大人民群众应知应懂、实际实用的法律法规。为了辅导学习，附录还收入了相应法律法规的条例准则、实施细则、解读解答、案例分析等；同时为了突出法律法规的实际实用特点，兼顾地方性和特殊性，附录还收入了部分某些地方性法律法规以及非法律法规的政策文件、管理制度、应用表格等内容，拓展了本书的知识范围，使法律法规更"接地气"，便于读者学习掌握和实际应用。

在众多法律法规中，我们通过甄别，淘汰了废止的，精选了最新的、权威的和全面的。但有部分法律法规有些条款不适应当下情况了，却没有颁布新的，我们又不能擅自改动，只得保留原有条款，但附录却有相应的补充修改意见或通知等。众多法律法规根据不同内容和受众特点，经过归类组合，优化配套。整套普法读本非常全面系统，具有很强的学习性、实用性和指导性，非常适合用于广大农村和城乡普法学习教育与实践指导。总之，是全国全民普法的良好读本。

目　录

学生伤害事故处理办法

第一章　总　则 …………………………………………（1）
第二章　事故与责任 ……………………………………（2）
第三章　事故处理程序 …………………………………（5）
第四章　事故损害的赔偿 ………………………………（7）
第五章　事故责任者的处理 ……………………………（8）
第六章　附　则 …………………………………………（9）
附　录
　教育部等九部门关于防治中小学生欺凌和暴力的
　　指导意见 ……………………………………………（10）
　国务院办公厅关于加强中小学幼儿园安全风险
　　防控体系建设的意见 ………………………………（17）
　中小学（幼儿园）安全工作专项督导暂行办法 ……（27）
　关于做好预防少年儿童遭受性侵工作的意见 ………（32）
　关于推行校方责任保险　完善校园伤害事故风险
　　管理机制的通知 ……………………………………（37）
　关于依法惩治性侵害未成年人犯罪的意见 …………（41）

校车安全管理条例

第一章　总　则 …………………………………………（49）
第二章　学校和校车服务提供者 ………………………（51）

第三章　校车使用许可……………………………………（52）

第四章　校车驾驶人……………………………………（54）

第五章　校车通行安全…………………………………（55）

第六章　校车乘车安全…………………………………（57）

第七章　法律责任………………………………………（58）

第八章　附　则…………………………………………（61）

附　录

　　关于贯彻落实《校车安全管理条例》进一步加强校车

　　安全管理工作的通知…………………………………（63）

　　专用校车生产企业及产品准入管理规则………………（68）

校园预防违法犯罪及反邪教教育

关于进一步加强中小学生毒品预防教育工作的通知…………（74）

关于在社区青少年法律学校中加强毒品预防教育工作的通知 …（79）

教育部关于进一步在中、小学校开展反邪教教育的通知……（82）

最高人民法院、最高人民检察院、公安部关于办理网络赌博

　　犯罪案件适用法律若干问题的意见………………………（84）

校园防骗防盗等安全管理政策

关于防范和打击电信网络诈骗犯罪的通告……………………（89）

教育部办公厅、中国银监会办公厅关于加强校园不良

　　网络借贷风险防范和教育引导工作的通知………………（93）

关于启动网络游戏防沉迷实名验证工作的通知………………（96）

关于深入开展网络游戏防沉迷实名验证工作的通知…………（99）

国务院食品安全办等6部门关于进一步加强学校校园及

　　周边食品安全工作的意见…………………………………（102）

关于建立中小学校舍安全保障长效机制的意见 …………（107）
教育部办公厅关于进一步加强高等学校实验室危险化学品
　　安全管理工作的通知 ……………………………（113）
教育部办公厅关于加强高等学校动物实验安全
　　管理工作的通知 …………………………………（115）
教育部、公安部关于加强中小学幼儿园消防安全
　　管理工作的意见 …………………………………（117）

高等学校消防安全管理规定

第一章　总　则 ……………………………………（121）
第二章　消防安全责任 ……………………………（122）
第三章　消防安全管理 ……………………………（126）
第四章　消防安全检查和整改 ……………………（129）
第五章　消防安全教育和培训 ……………………（132）
第六章　灭火、应急疏散预案和演练 ……………（134）
第七章　消防经费 …………………………………（134）
第八章　奖　惩 ……………………………………（135）
第九章　附　则 ……………………………………（136）

学生伤害事故处理办法

中华人民共和国教育部令
第 12 号

《学生伤害事故处理办法》已于 2002 年 3 月 26 日经部务会议讨论通过,现予发布,自 2002 年 9 月 1 日起施行。

教育部部长
2002 年 6 月 25 日

第一章 总 则

第一条 为积极预防、妥善处理在校学生伤害事故、保护学生、学校的合法权益,根据《中华人民共和国教育法》、《中华人民共和国未成年人保护法》和其他相关法律、行政法规及有关规定,制定本办法。

第二条 在学校实施的教育教学活动或者学校组织的校外活动中,以及在学校负有管理责任的校舍、场地、其他教育教学设施、生活设施内发生的，造成在校学生人身损害后果的事故的处理，适用本办法。

第三条 学生伤害事故应当遵循依法、客观公正、合理适当的原则、及时、妥善地处理。

第四条 学校的举办者应当提供符合安全标准的校舍、场地、其他教育教学设施和生活设施。

教育行政部门应当加强学校安全工作，指导学校落实预防学生伤害事故的措施，指导、协助学校妥善处理学生伤害事故，维护学校正常的教育教学秩序。

第五条 学校应当对在校学生进行必要的安全教育和自护自救教育；应当按照规定，建立健全安全制度，采取相应的管理措施，预防和消除教育教学环境中存在的安全隐患；当发生伤害事故时，应当及时采取措施救助受伤害学生。

学校对学生进行安全教育、管理和保护，应当针对学生年龄、认知能力和法律行为能力的不同，采用相应的内容和预防措施。

第六条 学生应当遵守学校的规章制度和纪律；在不同的受教育阶段，应当根据自身的年龄、认知能力和法律行为能力，避免和消除相应的危险。

第七条 未成年学生的父母或者其他监护人（以下称为监护人）应当依法履行监护职责，配合学校对学生进行安全教育、管理和保护工作。

学校对未成年学生不承担监护职责，但法律有规定的或者学校依法接受委托承担相应监护职责的情形除外。

第二章 事故与责任

第八条 学生伤害事故的责任，应当根据相关当事人的行为与损害后果之间的因果关系依法确定。

因学校、学生或者其他相关当事人的过错造成的学生伤害事故，相当当事人应当根据其行为过错程度的比例及其与损害后果之间的因果关系承担相应的责任。当事人的行为是损害后果发生的主要原因，应当承担主要责任；当事人的行为是损害后果发生的非主要原因，承担相应的责任。

第九条　因下列情形之一造成的学生伤害事故，学校应当依法承担相应的责任：

（一）学校的校舍、场地、其他公共设施，以及学校提供给学生使用的学具、教育教学和生活设施、设备不符合国家规定的标准，或者有明显不安全因素的；

（二）学校的安全保卫、消防、设施设备管理等安全管理制度有明显疏漏，或者管理混乱，存在重大安全隐患，而未及时采取措施的；

（三）学校向学生提供的药品、食品、饮用水等不符合国家或者行业的有关标准、要求的；

（四）学校组织学生参加教育教学活动或者校外活动，未对学生进行相应的安全教育，并未在可预见的范围内采取必要的安全措施的；

（五）学校知道教师或者其他工作人员患有不适宜担任教育教学工作的疾病，但未采取必要措施的；

（六）学校违反有关规定，组织或者安排未成年学生从事不宜未成年人参加的劳动、体育运动或者其他活动的；

（七）学生有特异体质或者特定疾病，不宜参加某种教育教学活动，学校知道或者应当知道，但未予以必要的注意的；

（八）学生在校期间突发疾病或者受到伤害，学校发现，但未根据实际情况及时采取相应措施，导致不良后果加重的；

（九）学校教师或者其他工作人员体罚或者变相体罚学生，或者在履行职责过程中违反工作要求、操作规程、职业道德或者其他有关规定的；

（十）学校教师或者其他工作人员在负有组织、管理未成年学生的职责期间，发现学生行为具有危险性，但未进行必要的管理、告诫或者制止的；

（十一）对未成年学生擅自离校等与学生人身安全直接相关的信息，学校发现或者知道，但未及时告知未成年学生的监护人，导致未成年学生因脱离监护人的保护而发生伤害的；

（十二）学校有未依法履行职责的其他情形的。

第十条　学生或者未成年学生监护人由于过错，有下列情形之一，造成学生伤害事故，应当依法承担相应的责任：

（一）学生违反法律法规的规定，违反社会公共行为准则、学校的规章制度或者纪律，实施按其年龄和认知能力应当知道具有危险或者可能危及他人的行为的；

（二）学生行为具有危险性，学校、教师已经告诫、纠正，但学生不听劝阻、拒不改正的；

（三）学生或者其监护人知道学生有特异体质，或者患有特定疾病，但未告知学校的；

（四）未成年学生的身体状况、行为、情绪等有异常情况，监护人知道或者已被学校告知，但未履行相应监护职责的；

（五）学生或者未成年学生监护人有其他过错的。

第十一条　学校安排学生参加活动，因提供场地、设备、交通工具、食品及其他消费与服务的经营者，或者学校以外的活动组织者的过错造成的学生伤害事故，有过错的当事人应当依法承担相应的责任。

第十二条 因下列情形之一造成的学生伤害事故，学校已履行了相应职责，行为并无不当的，无法律责任：

（一）地震、雷击、台风、洪水等不可抗的自然因素造成的；

（二）来自学校外部的突发性、偶发性侵害造成的；

（三）学生有特异体质、特定疾病或者异常心理状态，学校不知道或者难于知道的；

（四）学生自杀、自伤的；

（五）在对抗性或者具有风险性的体育竞赛活动中发生意外伤害的；

（六）其他意外因素造成的。

第十三条 下列情形下发生的造成学生人身损害后果的事故，学校行为并无不当的，不承担事故责任；事故责任应当按有关法律法规或者其他有关规定认定：

（一）在学生自行上学、放学、返校、离校途中发生的；

（二）在学生自行外出或者擅自离校期间发生的；

（三）在放学后、节假日或者假期等学校工作时间以外，学生自行滞留学校或者自行到校发生的；

（四）其他在学校管理职责范围外发生的。

第十四条 因学校教师或者其他工作人员与其职务无关的个人行为，或者因学生、教师及其他个人故意实施的违法犯罪行为，造成学生人身损害的，由致害人依法承担相应的责任。

第三章 事故处理程序

第十五条 发生学生伤害事故，学校应当及时救助受伤害学生,并应当及时告知未成年学生的监护人;有条件的,应当采取紧急救援等方式救助。

第十六条 发生学生伤害事故,情形严重的,学校应当及时向主管教育行政部门及有关部门报告;属于重大伤亡事故的,教育行政部门应当按照有关规定及时向同级人民政府和上一级教育行政部门报告。

第十七条 学校的主管教育行政部门应学校要求或者认为必要,可以指导、协助学校进行事故的处理工作,尽快恢复学校正常的教育教学秩序。

第十八条 发生学生伤害事故,学校与受伤害学生或者学生家长可以通过协商方式解决;双方自愿,可以书面请求主管教育行政部门进行调解。

成年学生或者未成年学生的监护人也可以依法直接提起诉讼。

第十九条 教育行政部门收到调解申请,认为必要的,可以指定专门人员进行调解,并应当在受理申请之日起60日内完成调解。

第二十条 经教育行政部门调解,双方就事故处理达成一致意见的,应当在调解人员的见证下签订调解协议,结束调解;在调解期限内,双方不能达成一致意见,或者调解过程中一方提起诉讼,人民法院已经受理的,应当终止调解。

调解结束或者终止,教育行政部门应当书面通知当事人。

第二十一条 对经调解达成的协议,一方当事人不履行或者反悔的,双方可以依法提起诉讼。

第二十二条 事故处理结束,学校应当将事故处理结果书面报告主管的教育行政部门;重大伤亡事故的处理结果,学校主管的教育行政部门应当向同级人民政府和上一级教育行政部门报告。

第四章　事故损害的赔偿

第二十三条　对发生学生伤害事故负有责任的组织或者个人，应当按照法律法规的有关规定，承担相应的损害赔偿责任。

第二十四条　学生伤害事故赔偿的范围与标准，按照有关行政法规、地方性法规或者最高人民法院司法解释中的有关规定确定。

教育行政部门进行调解时，认为学校有责任的，可以依照有关法律法规及国家有关规定，提出相应的调解方案。

第二十五条　对受伤害学生的伤残程度存在争议的，可以委托当地具有相应鉴定资格的医院或者有关机构，依据国家规定的人体伤残标准进行鉴定。

第二十六条　学校对学生伤害事故负有责任的，根据责任大小，适当予以经济赔偿，但不承担解决户口、住房、就业等与救助受伤害学生、赔偿相应经济损失无直接关系的其他事项。

学校无责任的，如果有条件，可以根据实际情况，本着自愿和可能的原则，对受伤害学生给予适当的帮助。

第二十七条　因学校教师或者其他工作人员在履行职务中的故意或者重大过失造成的学生伤害事故，学校予以赔偿后，可以向有关责任人员追偿。

第二十八条　未成年学生对学生伤害事故负有责任的，由其监护人依法承担相应的赔偿责任。

学生的行为侵害学校教师及其他工作人员以及其他组织、个人的合法权益，造成损失的，成年学生或者未成年学生的监护人应当依法予以赔偿。

第二十九条 根据双方达成的协议、经调解形成的协议或者人民法院的生效判决，应当由学校负担的赔偿金，学校应当负责筹措；学校无力完全筹措的，由学校的主管部门或者举办者协助筹措。

第三十条 县级以上人民政府教育行政部门或者学校举办者有条件的，可以通过设立学生伤害赔偿准备金等多种形式，依法筹措伤害赔偿金。

第三十一条 学校有条件的，应当依据保险法的有关规定，参加学校责任保险。

教育行政部门可以根据实际情况，鼓励中小学参加学校责任保险。

提倡学生自愿参加意外伤害保险。在尊重学生意愿的前提下，学校可以为学生参加意外伤害保险创造便利条件，但不得从中收取任何费用。

第五章 事故责任者的处理

第三十二条 发生学生伤害事故，学校负有责任且情节严重的，教育行政部门应当根据有关规定，对学校的直接负责的主管人员和其他直接责任人员，分别给予相应的行政处分；有关责任人的行为触犯刑律的，应当移送司法机关依法追究刑事责任。

第三十三条 学校管理混乱，存在重大安全隐患的，主管的教育行政部门或者其他有关部门应当责令其限期整顿；对情节严重或者拒不改正的，应当依据法律法规的有关规定，给予相应的行政处罚。

第三十四条 教育行政部门未履行相应职责，对学生伤害事故的发生负有责任的，由有关部门对直接负责的主管人员和其他直接责任人员分别给予相应的行政处分；有关责任人的行为触犯刑律的，应当移送司法机关依法追究刑事责任。

第三十五条 违反学校纪律，对造成学生伤害事故负有责任的学生，学校可以给予相应的处分；触犯刑律的，由司法机关依法追究刑事责任。

第三十六条 受伤害学生的监护人、亲属或者其他有关人员，在事故处理过程中无理取闹，扰乱学校正常教育教学秩序，或者侵犯学校、学校教师或者其他工作人员的合法权益的，学校应当报告公安机关依法处理；造成损失的，可以依法要求赔偿。

第六章　附　则

第三十七条 本办法所称学校，是指国家或者社会力量举办的全日制的中小学（含特殊教育学校）、各类中等职业学校、高等学校。

本办法所称学生是指在上述学校中全日制就读的受教育者。

第三十八条 幼儿园发生的幼儿伤害事故，应当根据幼儿为完全无行为能力人的特点，参照本办法处理。

第三十九条 其他教育机构发生的学生伤害事故，参照本办法处理。

在学校注册的其他受教育者在学校管理范围内发生的伤害事故，参照本办法处理。

第四十条 本办法自2002年9月1日起实施，原国家教委、教育部颁布的与学生人身安全事故处理有关的规定，与本办法不符的，以本办法为准。

在本办法实施之前已处理完毕的学生伤害事故不再重新处理。

附 录

教育部等九部门关于防治中小学生欺凌和暴力的指导意见

教基一〔2016〕6号

各省、自治区、直辖市教育厅（教委）、综治办、高级人民法院、人民检察院、公安厅（局）、民政厅（局）、司法厅（局）、团委、妇联，新疆生产建设兵团教育局、综治办、人民法院、人民检察院、公安局、民政局、司法局、团委、妇联：

在党中央、国务院的正确领导下，在各级党委政府及教育、综治、公安、司法等有关部门和共青团、妇联等群团组织的共同努力下，发生在中小学生之间的欺凌和暴力事件得到遏制，预防青少年违法犯罪工作取得明显成效。但是，由于在落实主体责任、健全制度措施、实施教育惩戒、形成工作合力等方面还存在薄弱环节，少数地方学生之间欺凌和暴力问题仍时有发生，损害了学生身心健康，造成了不良社会影响。为全面贯彻党的教育方针，落实立德树人根本任务，切实防治学生欺凌和暴力事件的发生，现提出如下指导意见。

一、积极有效预防学生欺凌和暴力

（一）切实加强中小学生思想道德教育、法治教育和心理健康教育。各地要紧密联系中小学生的思想实际，积极培育和践行社会主义核心价值观。落实《中小学生守则（2015年修订）》，引导全体中小学生从小知礼仪、明是非、守规矩，做到珍爱生命、尊重他人、团结友善、不恃强凌弱，弘扬公序良俗、传承中华美德。落实《中小学法制教育指导纲要》、《青少年法治教育大纲》，开展"法治进校园"全国巡讲活动，让学生知晓基本的法律边界和行为底线，消除未成年人违法犯罪不需要承担任何责任的错误认识，养成遵规守法的良好行为习惯。落实《中小学心理健康教育指导纲要（2012年修订）》，培养学生健全人格和积极心理品质，对有心理困扰或心理问题的学生开展科学有效的心理辅导，提高其心理健康水平。切实加强家庭教育，家长要注重家风建设，加强对孩子的管教，注重孩子思想品德教育和良好行为习惯培养，从源头上预防学生欺凌和暴力行为发生。

（二）认真开展预防欺凌和暴力专题教育。各地要在专项整治的基础上，结合典型案例，集中开展预防学生欺凌和暴力专题教育。要强化学生校规校纪教育，通过课堂教学、专题讲座、班团队会、主题活动、编发手册、参观实践等多种形式，提高学生对欺凌和暴力行为严重危害性的认识，增强自我保护意识和能力，自觉遵守校规校纪，做到不实施欺凌和暴力行为。研制学校防治学生欺凌和暴力的指导手册，全面加强教职工特别是班主任专题培训，提高教职工有效防治学生欺凌和暴力的责任意识和能力水平。要通过家访、家长会、家长学校等途径，帮助家长了解防治学生欺凌和暴力知识，增强监护责任意识，提高防治能力。要加强中小学生违法犯罪预防综合基地和人才建设，为开展防治学生欺凌和暴力专题教育提供支持和帮助。

（三）严格学校日常安全管理。中小学校要制定防治学生欺凌和暴力工作制度，将其纳入学校安全工作统筹考虑，健全应急处置预案，建立早期预警、事中处理及事后干预等机制。要加强师生联系，密切家校沟通，及时掌握学生思想情绪和同学关系状况，特别要关注学生有无学习成绩突然下滑、精神恍惚、情绪反常、无故旷课等异常表现及产生的原因，对可能的欺凌和暴力行为做到早发现、早预防、早控制。严格落实值班、巡查制度，禁止学生携带管制刀具等危险物品进入学校，针对重点学生、重点区域、重点时段开展防治工作。对发现的欺凌和暴力事件线索和苗头要认真核实、准确研判，对早期发现的轻微欺凌事件，实施必要的教育、惩戒。

（四）强化学校周边综合治理。各级综治组织要加大新形势下群防群治工作力度，实现人防物防技防在基层综治中心的深度融合，动员社会各方面力量做好校园周边地区安全防范工作。要依托全国社会治安综合治理信息系统，整合各有关部门信息资源，发挥青少年犯罪信息数据库作用，加强对重点青少年群体的动态研判。进一步加强校园及周边地区社会治安防控体系建设，作为公共安全视频监控建设联网应用示范工作的重要内容，推进校园及周边地区公共安全视频监控系统全覆盖，加大视频图像集成应用力度，实现对青少年违法犯罪活动的预测预警、实时监控、轨迹追踪及动态管控。把学校周边作为社会治安重点地区排查整治工作的重点，加强组织部署和检查考核。要对中小学生欺凌和暴力问题突出的地区和单位，根据《中共中央办公厅 国务院办公厅关于印发〈健全落实社会治安综合治理领导责任制规定〉的通知》要求，通过通报、约谈、挂牌督办、实施一票否决权制等方式进行综治领导责任督导和追究。公安机关要在治安情况复杂、问题较多的学校周边设置警务室或治安岗亭，密切与学校的沟通协作，积极配合学校排查发现学生欺凌和暴力隐患苗头，并及时预防处置。要加强学生上下学重要时段、学生途经重点路段的巡逻防控和治安盘查，对发现的苗头性、倾向性欺凌和暴力问题，要采取相应防范措施并通知学校和家长，及时干预，震慑犯罪。

二、依法依规处置学生欺凌和暴力事件

（五）保护遭受欺凌和暴力学生身心安全。各地要建立中小学生欺凌和暴力事件及时报告制度，一旦发现学生遭受欺凌和暴力，学校和家长要及时相互通知，对严重的欺凌和暴力事件，要向上级教育主管部门报告，并迅速联络公安机关介入处置。报告时相关人员有义务保护未成年人合法权益，学校、家长、公安机关及媒体应保护遭受欺凌和暴力学生以及知情学生的身心安全，严格保护学生隐私，防止泄露有关学生个人及其家庭的信息。特别要防止网络传播等因素导致事态蔓延，造成恶劣社会影响，使受害学生再次受到伤害。

（六）强化教育惩戒威慑作用。对实施欺凌和暴力的中小学生必须依法依规采取适当的矫治措施予以教育惩戒，既做到真情关爱、真诚帮助，力促学生内心感化、行为转化，又充分发挥教育惩戒措施的威慑作用。对实施欺凌和暴力的学生，学校和家长要进行严肃的批评教育和警示谈话，情节较重的，公安机关应参与警示教育。对屡教不改、多次实施欺凌和暴力的学生，应登记在案并将其表现记入学生综合素质评价，必要时转入专门学校就读。对构成违法犯罪的学生，根据《刑法》、《治安管理处罚法》、《预防未成年人犯罪法》等法律法规予以处置，区别不同情况，责令家长或者监护人严加管教，必要时可由政府收容教养，或者给予相应的行政、刑事处罚，特别是对犯罪性质和情节恶劣、手段残忍、后果严重的，必须坚决依法惩处。对校外成年人教唆、胁迫、诱骗、利用在校中小学生违法犯罪行为，必须依法从重惩处，有效遏制学生欺凌和暴力等案事件发生。各级公安、检察、审判机关要依法办理学生欺凌和暴力犯罪案件，做好相关侦查、审查逮捕、审查起诉、诉讼监督、审判和犯罪预防工作。

（七）实施科学有效的追踪辅导。欺凌和暴力事件妥善处置后，学校要持续对当事学生追踪观察和辅导教育。对实施欺凌和暴力的学生，要充分了解其行为动机和深层原因，有针对性地进行教育引导和帮扶，给予其改过机会，避免歧视性对待。对遭受欺凌和暴力的学生及其家人提供帮助，及时开展相应的心理辅导和家庭支持，帮助他们尽快走出心理阴影，树立自信，恢复正常学习生活。对确实难以回归本校本班学习的当事学生，教育部门和学校要妥善做好班级调整和转学工作。要认真做好学生欺凌和暴力典型事件通报工作，既要充分发挥警示教育作用，又要注意不过分渲染事件细节。

三、切实形成防治学生欺凌和暴力的工作合力

（八）加强部门统筹协调。各地要把防治学生欺凌和暴力工作作为全面依法治国、建设社会主义和谐社会的重要任务。教育、综治、人民法院、人民检察院、公安、民政、司法、共青团、妇联等部门组织，应成立防治学生欺凌和暴力工作领导小组，明确任务分工，强化工作职责，完善防治办法，加强考核检查，健全工作机制，形成政府统一领导、相关部门齐抓共管、学校家庭社会三位一体的工作合力。

（九）依法落实家长监护责任。管教孩子是家长的法定监护职责。引导广大家长要增强法治意识，掌握科学的家庭教育理念，尽量多安排时间与孩子相处交流，及时了解孩子的日常表现和思想状况，积极与学校沟通情况，自觉发挥榜样作用，切实加强对

孩子的管教，特别要做好孩子离校后的监管看护教育工作，避免放任不管、缺教少护、教而不当。要落实监护人责任追究制度，根据《民法》等相关法律法规，未成年学生对他人的人身和财产造成损害的，依法追究其监护人的法律责任。

（十）加强平安文明校园建设。中小学校要把防治学生欺凌和暴力作为加强平安文明校园建设的重要内容。学校党组织要充分发挥政治核心作用，加强组织协调和教育引导。校长是学校防治学生欺凌和暴力的第一责任人，分管法治教育副校长和班主任是直接责任人，要充分调动全体教职工的积极性，明确相关岗位职责，将学校防治学生欺凌和暴力的各项工作落实到每个管理环节、每位教职工。要努力创造温馨和谐、积极向上的校园环境，重视校园绿化、美化和人文环境建设。加强优良校风、教风、学风建设，开展内容健康、格调高雅、丰富多彩的校园活动，形成团结向上、互助友爱、文明和谐的校园氛围，激励学生爱学校、爱老师、爱同学，提高校园整体文明程度。要健全各项管理制度、校规校纪，落实《义务教育学校管理标准》，提高学校治理水平，推进依法依规治校，建设无欺凌和暴力的平安文明校园。

（十一）全社会共同保护未成年学生健康成长。要建立学校、家庭、社区（村）、公安、司法、媒体等各方面沟通协作机制，畅通信息共享渠道，进一步加强对学生保护工作的正面宣传引导，防止媒体过度渲染报道事件细节，避免学生欺凌和暴力通过网络新媒体扩散演变为网络欺凌，消除暴力文化通过不良出版物、影视节目、网络游戏侵蚀、影响学生的心理和行为，引发连锁性事件。要依托各地12355青少年服务台，开设自护教育热线，组织专业社会工作者、公益律师、志愿者开展有针对性的自护教育、心理辅导和法律咨询。坚持标本兼治、常态长效，净化社会环境，强化学校周边综合治理，切实为保护未成年人平安健康成长提供良好社会环境。

> 教育部　中央综治办　最高人民法院
> 最高人民检察院 公安部 民政部
> 司法部 共青团中央 全国妇联
> 2016 年 11 月 1 日

国务院办公厅关于加强中小学幼儿园安全风险防控体系建设的意见

国办发〔2017〕35号

各省、自治区、直辖市人民政府,国务院各部委、各直属机构:

校园应当是最阳光、最安全的地方。加强中小学、幼儿园(以下统称学校)安全工作是全面贯彻党的教育方针,保障学生健康成长、全面发展的前提和基础,关系广大师生的人身安全,事关亿万家庭幸福和社会和谐稳定。长期以来,党中央、国务院和地方各级党委、政府高度重视学校安全工作,采取了一系列措施维护学校及周边安全,学校安全形势总体稳定。但是,受各种因素影响,学校安全工作还存在相关制度不完善、不配套,预防风险、处理事故的机制不健全、意识和能力不强等问题。为进一步加强和改进学校安全工作,经国务院同意,现就建立健全学校安全风险防控体系提出以下意见:

一、总体要求

(一)指导思想。高举中国特色社会主义伟大旗帜,全面贯彻党的十八大和十八届三中、四中、五中、六中全会精神,深入贯彻习近平总书记系列重要讲话精神和治国理政新理念新思想新战略,认真落实党中央、国务院决策部署,运用法治思维和法治方式推进综合改革、破解关键问题,建立科学系统、切实有效的学校安全风险防控体系,营造良好教育环境和社会环境,为学生健康成长、全面发展提供保障。

(二) 基本原则。

坚持统筹协调、综合施策。将学校安全作为公共安全和社会治安综合治理的重要内容,加强组织领导和协调配合,充分发挥政府、学校、家庭、社会各方面作用,运用法律、行政、社会服务、市场机制等各种方式,综合施策、形成合力。

坚持以人为本、全面防控。将可能对学生身心健康和生命安全造成影响的各种不安全因素和风险隐患全面纳入防控范畴,科学预防、系统应对、不留死角。

坚持依法治理、立足长效。突出制度建设的根本性和重要性,依据法治原则和法律规定,做好顶层设计,依法明确各方主体权利、义务与职责,形成防控学校安全风险的长效机制。

坚持分类应对、突出重点。坚持问题导向,根据不同区域、地方以及不同层次类型学校的实际,区分风险的类型和特点,有针对性地构建安全风险防控机制,集中解决群众关心、社会关注的校园安全问题。

(三) 工作目标。针对影响学校安全的突出问题、难点问题,进一步整合各方面力量,加强和完善相关制度、机制,深入改革创新,加快形成党委领导、政府负责、社会协同、公众参与、法治保障,科学系统、全面规范、职责明确的学校安全风险预防、管控与处置体系,切实维护师生人身安全,保障校园平安有序,促进社会和谐稳定。

二、完善学校安全风险预防体系

(四) 健全学校安全教育机制。将提高学生安全意识和自我防护能力作为素质教育的重要内容,着力提高学校安全教育的针对性与实效性。将安全教育与法治教育有机融合,全面纳入国民教育体系,把尊重生命、保障权利、尊重差异的意识和基本安全常识从小根植在学生心中。在教育中要适当增加反欺凌、反暴力、反恐怖行为、防范针对未成年人的犯罪行为等内容，引导学生明确法律底线、强化规则意识。学校要根据学生群体和年龄特点，有针对性地开展安全专题教育，定期组织应对地震、火灾等情况的应急疏散演练。教育部门要将安全知识作为校长、教师培训的必要内容，加大培训力度并组织必要的考核。各相关部门和单位要组织专门力量，积极参与学校安全教育，广泛开展"安全防范进校园"等活动。鼓励各种社会组织为学校开展安全教育提供支持，设立安全教育实践场所，着力普及和提升家庭、社区的安全教育。

（五）完善有关学校安全的国家标准体系和认证制度。不断健全学校安全的人防、物防和技防标准并予以推广。根据学校特点，以保护学生健康安全为优先原则，加强重点领域标准的制修订工作，尽快制定一批强制性国家标准，逐步形成有关学校安全的国家标准体系。建立学校安全事项专项认证及采信推广机制，对学校使用的关系学生安全的设施设备、教学仪器、建筑材料、体育器械等，按照国家强制性产品认证和自愿性产品认证规定，做好相关认证工作，严格控制产品质量。

（六）探索建立学生安全区域制度。加强校园周边综合治理，在学校周边探索实行学生安全区域制度。在此区域内，依法分别作出禁止新建对环境造成污染的企业、设施，禁止设立上网服务、娱乐、彩票专营等营业场所，禁止设立存在安全隐患的场所等相应要求。在学生安全区域内，公安机关要健全日常巡逻防控制度，加强学校周边"护学岗"建设，完善高峰勤务机制，优先布设视频监控系统，增强学生的安全感；公安交管部门要加强交通秩序管理，完善交通管理设施。

（七）健全学校安全预警和风险评估制度。教育部门要会同相关部门制定区域性学校安全风险清单，建立动态监测和数据搜集、分析机制，及时为学校提供安全风险提示，指导学校健全风险评估和预防制度。要建立台账制度，定期汇总、分析学校及周边存在的安全风险隐患，确定整改措施和时限；在出现可能影响学校安全的公共安全事件、自然灾害等风险时，要第一时间通报学校，指导学校予以防范。

（八）探索建立学校安全风险防控专业服务机制。积极培育可以为学校提供安全风险防控服务的专业化社会组织。采取政府购买服务等方式，鼓励、引导和支持具备相应专业能力的机构、组织，研发、提供学校安全风险预防、安全教育相关的服务或者产品，协助教育部门制定、审核学校安全风险防控预案和相关标准，组织、指导学校有针对性地开展专项安全演练、预防和转移安全风险等工作。

三、健全学校安全风险管控机制

（九）落实安全管理主体责任。教育部门、公安机关要指导、监督学校依法健全各项安全管理制度和安全应急机制。学校要明确安全是办学的底线，切实承担起校内安全管理的主体责任，对校园安全实行校长（园长）负责制，健全校内安全工作领导机构，落实学校、教师对学生的教育和管理责任，狠抓校风校纪，加强校内日常安全管理，做到职责明确、管理有方。在风险可控的前提下，学校应当积极组织体育锻炼、户外活动等，培养学生强健的体魄。学生在校期间，对校园实行封闭化管理，并根据条件在校门口设置硬质防冲撞设施，阻止人员、车辆等非法进入校园。各类中小学校外活动场所、以学生为主要对象的各类培训机构和课外班等，由地方政府统筹协调有关部门承担安全监管责任，督促举办者落实安全管理责任。

（十）建立专兼职结合的学校安保队伍。学校应当按照相关规定，根据实际和需要，配备必要的安全保卫力量。除学生人数较少的学校外，每所学校应当至少有 1 名专职安全保卫人员或者受过专门培训的安全管理人员。地方人民政府、有条件的学校可以以购买服务等方式，将校园安全保卫服务交由专门保安服务公司提供。学校要与社区、家长合作，有条件的建立学校安全保卫志愿者队伍，在上下学时段维护学校及校门口秩序。寄宿制学校要根据需要配备宿舍管理人员。

（十一）着力建设安全校园环境。各地要坚持安全优先、勤俭节约的原则开展校园建设。学校建设规划、选址要严格执行国家相关标准规范，对地质灾害、自然灾害、环境污染等因素进行全面评估。各地要建立健全校舍安全保障长效机制，保证学校的校舍、场地、教学及生活设施等符合安全质量和标准。校舍建设要严格执行国家建筑抗震有关技术规范和标准，有条件建设学校体育馆的地方，要按照国家防灾避难相关标准建设。完善学校安全技术防范系统，在校园主要区域要安装视频图像采集装置，有条件的要安装周界报警装置和一键报警系统，做到公共区域无死角。建立校园工程质量终身责任制，凡是在校园工程建设中出现质量问题导致严重后果的建设、勘察、设计、施工、监理单位，一旦查实，承担终身责任并限制进入相关领域。

（十二）进一步健全警校合作机制。各级教育部门、公安机关和学校要在信息沟通、应急处置等方面加强协作，健全联动机制。公安机关要进一步完善与维护校园安全相适应的组织机构设置形式和警力配置，加强学校及周边警务室建设，派出经验丰富的民警加强学校安全防范工作指导。要将校园视频监控系统、紧急报警装置接入公安机关、教育部门的监控或报警平台，并与公共安全视频监控联网共享平台对接，逐步建立校园安全网上巡查系统，及时掌握、快速处理学校安全相关问题。

（十三）健全相关部门日常管理职责体系。政府各相关部门要切实承担起学校安全日常管理的职责。卫生计生部门要加强对学校卫生防疫和卫生保健工作的监督指导，对于学校出现的疫情或者学生群体性健康问题，要及时指导教育部门或者学校采取措施。食品药品监管部门对学校食堂和学校采购的用于学生集体使用的食品、药品要加强监督检查，指导、监督学校落实责任，保障食品、药品符合相关标准和规范。住房城乡建设部门要加强对学校工程建设过程的监管。环保部门要加强对学校及周边大气、土壤、水体环境安全的监管。交通运输部门要加强对提供学生集体用车服务的道路运输企业的监管，综合考虑学生出行需求，合理规划城市公共交通和农村客运线路，为学生和家长选择公共交通出行提供安全、便捷的交通服务。质量监督部门应当对学校特种设备实施重点监督检查，配合教育部门加强对学校采购产品的质量监管，在学校建立产品质量安全风险信息监测采集机制。公安消防部门要依法加强对学校的消防安全检查，指导学校落实消防安全责任，消除火灾隐患。综治、工商、文化、新闻出版广电、城市管理等部门要落实职责，加强对校园周边特别是学生安全区域内有关经营服务场所、经营活动的管理和监督，消除安全隐患。

（十四）构建防控学生欺凌和暴力行为的有效机制。教育部门要会同有关部门研究制定学生欺凌和暴力行为早期发现、预防以及应对的指导手册，建立专项报告和统计分析机制。学校要切实履行教育、管理责任，设立学生求助电话和联系人，及早发现、及时干预和制止欺凌、暴力行为。对有不良行为、暴力行为的学生，探索建立由校园警务室民警或者担任法治副校长、辅导员的民警实施训诫的制度。对实施暴力情节严重，构成违法犯罪的学生，公安、司法机关要坚持宽容但不纵容、关爱又严管的原则，指定专门机构或者专门人员依法处理，特别是对犯罪性质和情节恶劣、手段残忍、后果严重的，必须坚决依法惩处，形成积极正面的教育作用。改革完善专门教育制度，健全专门学校接收学生进行教育矫治的程序，完善专门学校管理体制和运行机制。网络管理部门发现通过网络传播的欺凌或者校园暴力事件，要及时予以管控并通报相关部门。

（十五）严厉打击涉及学校和学生安全的违法犯罪行为。对非法侵入学校扰乱教育教学秩序、侵害师生生命财产安全等违法犯罪行为，公安机关要依法坚决处置、严厉打击，实行专案专人制度。进一步深化平安校园创建活动。建立学校周边治安形势研判预警机制，对涉及学校和学生安全的违法犯罪行为和犯罪团伙，要及时组织开展专项打击整治行动，防止发展蔓延。教育部门要健全学校对未成年学生权利的保护制度，对体罚、性骚扰、性侵害等侵害学生人身健康的违法犯罪行为，要建立零容忍制度，及早发现、及时处理、从严问责，应当追究法律责任的，要协同配合公安、司法机关严格依法惩处。

（十六）形成广泛参与的学生安全保护网络。教育部门要健全对校园内发生的侵害学生人身权利行为的监督机制和举报渠道，建立规范的调查处理程序。有关部门要与学校、未成年人保护组织、家长加强衔接配合，共同构建对受到伤害学生和涉嫌违法犯罪学生的心理疏导、安抚救助和教育矫正机制。共青团组织要完善未成年人维权热线，提供相应法律咨询、心理辅导等。妇联组织要积极指导家长进行正确的家庭教育，开展未成年人家庭保护相关法律法规宣传，组织落实对未成年人家庭保护的法律规定。

支持和鼓励律师协会、政法院校等法律专业组织和单位，设立未成年学生保护的公益性组织，利用和发展未成年人保护志愿律师网络，为学生维护合法权益提供法律服务。

四、完善学校安全事故处理和风险化解机制

（十七）健全学校安全事故应对机制。学校发生重特大安全事故，地方政府要在第一时间启动相应的应急处理预案，统一领导，及时动员和组织救援和事故调查、开展责任认定及善后处理，并及时回应社会关切。发生重大自然灾害、公共安全事故，应当优先组织对受影响学校开展救援。教育部门应当指导学校建立安全事故处置预案，健全学校安全事故的报告、处置和部门协调机制。在校内及校外教育教学活动中发生安全事故，学校应当及时组织教职工参与抢险、救助和防护，保障学生身体健康和人身安全。

（十八）健全学校安全事故责任追究和处理制度。发生造成师生伤亡的安全事故，有关部门要依法认定事故责任，学校及相关方面有责任的，要严肃追究有关负责人的责任；学校无责任的，要澄清事实、及时说明，避免由学校承担不应承担的责任。司法机关要加强案例指导，引导社会依法合理认识学校的安全责任，明确学生监护人的职责。积极利用行政调解、仲裁、人民调解、保险理赔、法律援助等方式，通过法治途径和方式处理学校安全事故，及时依法赔偿，理性化解纠纷。对围堵校园、殴打侮辱教师、干扰学校正常教育教学秩序等"校闹"行为，公安机关要及时坚决予以制止。

（十九）建立多元化的事故风险分担机制。学校举办者应当按规定为学校购买校方责任险，义务教育阶段学校投保校方责任险所需经费从公用经费中列支，其他学校投保校方责任险的费用，由各省（区、市）按照国家有关规定执行。各地要根据经济社会发展情况，结合实际合理确定校方责任险的投保责任，规范理赔程序和理赔标准。有条件的地方，可以积极探索与学生利益密切相关的食品安全、校外实习、体育运动伤害等领域的责任保险，充分发挥保险在化解学校安全风险方面的功能作用。保险监管部门要加强对涉及学校的保险业务的监督和管理，会同教育部门依法规范保险公司与学校的合作，严禁以学校名义指定学生购买或者向学生直接推销保险产品。要大力增强师生和家长的保险意识，引导家长根据自愿原则参加保险，分担学生在学校期间因意外而发生的风险。鼓励各种社会组织设立学校安全风险基金或者学生救助基金，健全学生意外伤害救助机制。

（二十）积极构建学校依法处理安全事故的支持体系。各地要采取措施，在中小学推广建立法律顾问制度。教育部门和学校要建立健全新闻发言人制度，增强事故发生后的舆情应对能力。要发挥好安全风险防控专业服务机制的作用，借助专业机构在损失评估、理赔服务、调处纠纷等方面的力量，帮助学校妥善处理事故。教育、司法行政部门要会同相关部门，探索在有需求的县（市、区）设立学校安全事故人民调解委员会，吸纳具有较强专业知识和社会公信力、知名度，热心调解和教育事业的社会人士担任人民调解员，依法调解学校安全事故民事赔偿纠纷。

五、强化领导责任和保障机制

（二十一）加强组织领导。各地要高度重视学校安全风险防控工作，将学校安全作为经济社会发展的重要指标和社会治理的重要内容，建立党委领导、政府主导、相关部门和单位参加的学校安全风险防控体系建设协调机制，定期研究和及时解决学校安全工作中的突出问题，切实为学校正常开展教育教学活动和课外实践活动提供支持和保障。各相关部门和单位要制定具体细则或办法，落实本意见提出的工作要求，加强沟通协调，协同推动防控机制建设，形成各司其职、齐抓共管的工作格局。

（二十二）强化基础保障。各级教育部门、公安机关要明确归口负责学校安全风险防控的专门机构，完善组织体系与工作机制，配齐配强工作力量。各级机构编制部门要根据工作需要，优化现有编制结构，适当向教育部门、公安机关负责学校安全风险防范的机构倾斜。各级财政部门要按规定将学校安全风险防控经费纳入一般公共预算，保障合理支出。要健全学校安全风险防控的网络管理与服务系统，整合各方面力量，积极利用互联网和信息技术，为学校提供便捷、权威的安全风险防控的专业咨询和技术支持服务。加快完善学校安全法律规范，推动适时修改关于未成年人保护的相关法律，启动防控校园暴力行为等相关法律的制修订工作，构建完善的法律保障体系。

（二十三）健全督导与考核机制。各级人民政府教育督导机构要将学校安全工作作为教育督导的重要内容，加强对政府及各有关部门、学校落实安全风险防控职责的监督、检查。对重大安全事故或者产生重大影响的校园安全事件，要组织专项督导并向社会公布督导报告。对学校安全事故频发的地区，要以约谈、挂牌督办等方式督促其限期整改。教育部门要将安全风险防控工作的落实情况，作为考核学校依法办学和学校领导班子工作的重要内容。

高等学校应当结合自身实际，参照本意见，健全安全风险防控体系，完善工作机制和建设方案，所在地的地方人民政府及有关部门应当予以指导、支持，切实履行相关职责。

国务院办公厅
2017 年 4 月 25 日

中小学（幼儿园）安全工作专项督导暂行办法

国务院教育督导委员会办公室关于印发《中小学（幼儿园）安全工作专项督导暂行办法》的通知

国教督办〔2016〕4号

各省、自治区、直辖市人民政府办公厅：

为落实党中央、国务院关于保障学校安全的总体要求，推动建立科学化、规范化、制度化的中小学（幼儿园）安全保障体系和运行机制，提高安全风险防控能力，特制定《中小学（幼儿园）安全工作专项督导暂行办法》。现印发给你们，请结合实际认真贯彻执行。

国务院教育督导委员会办公室
2016年11月30日

第一章 总 则

第一条 为贯彻落实党中央、国务院关于切实加强学校安全工作的总体要求，督促各地认真做好中小学（幼儿园）（以下简称学校）安全管理工作，根据《教育督导条例》及国家相关政策法规，制定本办法。

第二条 学校安全工作专项督导是促进地方政府及相关职能部门、学校建立科学化、规范化、制度化的安全保障体系和运行机制，提高学校安全风险防控能力的重要举措。

第三条 国务院教育督导委员会办公室负责对省级学校安全工作进行专项督导，省、市、县级人民政府教育督导机构负责对下一级及辖区内的学校安全工作进行专项督导。

第四条 实施学校安全工作专项督导应坚持以下原则：

（一）统一领导。切实加强组织领导和统筹协调，把学校安全工作作为公共安全和社会治安综合治理的重要内容，定期开展督导检查。

（二）注重实效。完善学校安全工作专项督导形式、内容和方法，因地制宜，确保学校安全工作专项督导取得实效。

（三）公开透明。坚持标准与方法公开、组织与人员公开、过程与结果公开，主动接受社会监督。

第二章 督导内容

第五条 组织管理

（一）省级人民政府建立健全学校安全工作组织管理体系，督促市、县级政府落实学校安全工作管理与监督责任情况。

（二）相关职能部门落实学校安全工作资金与资源，开展安全管理培训与指导，监督学校建立健全安全管理机构、落实岗位安全职责，配备安全保卫人员情况。

第六条 制度建设

（一）省级人民政府贯彻落实国家有关学校安全工作的法律法规、规章制度和标准规范，建立健全学校安全工作治理机制，制定完善本地方学校安全标准体系，开展学校安全事项认证情况。

（二）相关职能部门各司其职、齐抓共管，完善落实学校安全工作监督、管理，加强学校及周边安全综合治理，建立学生安全区域情况。

（三）学校建立健全安全管理制度和安全应急机制，按照《中小学幼儿园安全防范工作规范（试行）》要求，落实人防、物防、技防"三防"建设和安全管理各环节、岗位职责情况。

第七条　预警防范

（一）相关职能部门建立隐患排查与整治的学校安全预警机制，及时发布安全预警公告情况。

（二）相关职能部门制定学校安全风险清单，开展学校安全检查与动态监测，及时分析和评估安全风险，提出预警信息情况。

（三）学校建立健全及落实安全教育、日常管理、体育运动、校外活动、公共安全事件、校车安全、食品安全、卫生防疫、自然灾害风险评估和预防情况。

第八条　教育演练

（一）教育部门按照《中小学公共安全教育指导纲要》指导学校加强安全教育，落实安全教育进课堂，保障安全教育所需资金、教学资源和师资情况。

（二）相关职能部门指导和参与学校安全教育，开展安全防范进校园活动情况。

（三）学校按照《中小学幼儿园应急疏散演练指南》开展安全教育，定期组织地震、火灾等应急疏散演练情况。

第九条　重点治理

（一）相关职能部门加强溺水、事故、学生欺凌和暴力行为等重点问题预防与应对，及时做好专项报告和统计分析，指导学校履行教育和管理职责情况。

（二）教育部门会同公安等部门及时打击涉及学校、学生安全的违法犯罪行为，维护正常教育教学秩序，建设平安校园情况。

（三）教育部门及学校健全未成年学生权利保护制度，防范、调查、处理侵害未成年学生身心健康事件，开展心理、行为咨询和矫治活动情况。

第十条 事故处理

（一）省级人民政府建立健全学校安全事故应对、处理与责任追究机制情况。

（二）相关职能部门及时组织实施救援，落实事故调查、责任认定和善后处理，追究事故相关单位及责任人行政、刑事责任情况。

（三）教育部门及学校妥善处理安全事故纠纷，维护学校正常教育教学秩序情况。

第三章　组织实施

第十一条 日常监督。充分发挥责任督学作用，强化日常检查，促进学校安全工作有序进行。

第十二条 地方自查。省级人民政府及相关职能部门根据指标体系进行自查，并将自查报告在当地政府及省级教育行政部门网站上公示，公示期满后报送国务院教育督导委员会办公室。

第十三条 实地督导。国务院教育督导委员会办公室根据日常监督与地方自查情况，编制实地督导实施细则，随机抽取督学和专家组成督导组，随机确定督导对象，采取听取汇报、查阅材料、重点检查、随机抽查、个别访谈等方式开展实地督导。

第十四条 发布报告。国务院教育督导委员会办公室根据各省（区、市）自评和实地督导结果，形成专项督导意见和督导报告，督导报告向社会发布。

第十五条 整改落实。被督导省（区、市）在接到督导组督导意见后，按照整改要求和建议积极进行整改，并在3个月内向国务院教育督导委员会办公室书面报告整改情况。需要立即整改的重大安全隐患，则要在1个月内向国务院教育督导委员会办公室报告整改情况。

第四章 结果运用

第十六条 国务院教育督导委员会办公室建立工作问责机制，把专项督导结果作为评价政府教育工作成效的重要内容，对职责落实不到位的地区给予通报批评，对学校安全工作不力或出现严重问题的地区进行问责。

第十七条 对学校安全工作中出现的特大、重大学校安全责任事故，严重违法、违纪、违规问题，按照法律法规和有关规定开展调查处理。对违纪问题线索，交由纪检监察机关进行调查，严肃追究相关单位和责任人的责任。涉嫌犯罪的，移送司法机关依法处理。

第五章 附 则

第十八条 省级人民政府依据本办法制定本省份学校安全工作专项督导实施方案。

第十九条 本办法自发布之日起施行。

附件：中小学（幼儿园）学校安全工作专项督导评估指标体系（略）

关于做好预防少年儿童遭受性侵工作的意见

教基一〔2013〕8号

各省、自治区、直辖市教育厅（教委）、公安厅（局）、团委、妇联，新疆生产建设兵团教育局、公安局、团委、妇联：

近年来，在党中央、国务院的正确领导下，在各级党委政府及教育、公安、共青团、妇联等有关部门的共同努力下，少年儿童保护工作取得积极进展，少年儿童安全事故数量和非正常死亡人数逐年下降。但是，少年儿童保护工作也出现了一些新情况、新问题，亟待加以研究解决，如寄宿制学校增多导致学校日常安全管理难度加大，留守儿童由于缺乏父母监管容易出现安全问题，社会不良风气影响少年儿童身心发展，特别是今年以来媒体集中曝光的个别地方出现的少年儿童被性侵犯案件，引发社会各界高度关注。为切实预防性侵犯少年儿童案件的发生，进一步加强少年儿童保护工作，确保教育系统和谐稳定，现提出以下意见。

一、科学做好预防性侵犯教育

各地教育部门、共青团、妇联组织要通过课堂教学、讲座、班队会、主题活动、编发手册等多种形式开展性知识教育、预防性侵犯教育，提高师生、家长对性侵犯犯罪的认识。广泛宣传"家长保护儿童须知"及"儿童保护须知"，教育学生特别是女学生提高自我保护意识和能力，了解预防性侵犯的知识，知晓什么是性侵犯，遭遇性侵犯后如何寻求他人帮助。教育学生特别是女学生提高警觉，外出时尽量结伴而行，离家时一定要告诉父母返回时间、和谁在一起、联系方式等,牢记父母电话及报警电话。要运用各类媒体普及有关知识,有条件的地方可设立学生保护热线和网站。

二、定期开展隐患摸底排查

各地教育部门要定期组织力量对中小学校进行拉网式排查,全面检查学校日常安全管理制度是否存在漏洞,重点检查教职工、学生是否有异常情况,特别是要关注班级内学生尤其是女学生有无学习成绩突然下滑、精神恍惚、无故旷课等异常表现及产生的原因。要加强对边远地区、山区学校、教学点的排查,切实做到县不漏校,校不漏人。对排查中发现的安全隐患要及时整改,发现的性侵犯事件线索和苗头要认真核实,涉及违法犯罪的要及时报警并报告上级部门。

三、全面落实日常管理制度

各地教育部门要坚持"谁主管、谁负责,谁开办、谁负责"的原则,落实中小学校长作为校园内部安全管理和学生保护第一责任人的责任。要指导学校建立低年级学生上下学接送交接制度,不得将晚离校学生交与无关人员。健全学生请假、销假制度,严禁学生私自离校。加强人防、物防和技防建设,完善重点时段和关键部位的安全监管。严格落实值班、巡查制度,加强校园周边治安综合治理。严格实行外来人员、车辆登记制度和内部人员、车辆出入证制度。

四、从严管理女生宿舍

各地教育部门和寄宿制学校要对所有女生宿舍实行"封闭式"管理,尚未实现"封闭式"管理的要抓紧时间改善宿舍条件。女生宿舍原则上应聘用女性管理人员。未经宿管人员许可,所有男性,包括老师和家长,一律不得进入女生宿舍。宿舍管理人员发现有可疑人员在女生宿舍周围游荡，要立即向学校报告并采取相应防范措施。学生临时有事离校回家必须向学校请假并电话告知家长，经宿舍管理人员同意并登记后方可离校。做好学生夜间点名工作，发现有无故夜不归宿者要及时报告。

五、切实加强教职员工管理

各地教育部门要把好入口关，落实对校长、教师和职工从业资格有关规定，加强对临时聘用人员的准入资质审查，坚决清理和杜绝不合格人员进入学校工作岗位，严禁聘用受到剥夺政治权利或者故意犯罪受到刑事处罚人员、有精神病史人员担任教职员工。要将师德教育、法制教育纳入教职员工培训内容及考核范围，加强考核和评价，落实管理职责。要加强对教职员工的品行考核，对品行不良、侮辱学生、影响恶劣的，由县级以上教育行政部门撤销其教师资格。要关注教职员工队伍心理状况及工作状况，加强心理辅导，防止个别教职员工出现极端心理问题，及时预防个别教职员工出现的不良行为。

六、密切保持家校联系

各地教育部门、妇联组织要通过开展家访、召开家长会、举办家长学校等方式，提醒家长尽量多安排时间和孩子相处交流，切实履行对孩子的监护责任，特别要做好学生离校后的监管看护教育工作。要让家长了解必要的性知识和预防性侵犯知识，并通过适当方式向孩子进行讲解。学校要同家庭随时保持联系，特别要关注留守儿童家庭，及时掌握孩子情况，特别是发现孩子有异常表现时，家校双方要及时沟通，深入了解孩子表现情况，共同分析异常原因，及时采取应对措施。学校家长委员会、家长学校要与社区家长学校密切联系，构筑学校、家庭、社区有效衔接的保护网络。

七、妥善处置中小学生性侵犯事件

各地教育部门要建立中小学生性侵犯案件及时报告制度，一旦发现学生在学校内遭受性侵犯，学校或家长要立即报警并彼此告知，同时学校要及时向上级教育主管部门报告，报告时相关人员有义务保护未成年人合法权益，严格保护学生隐私，防止泄露有关学生个人及其家庭的信息，避免再次伤害。教育部门和学校要与共青团、妇联、家庭和医院等积极配合，向被性侵犯的学生及其家人提供帮助，及时开展相应的心理辅导和家庭支持，帮助他们尽快走出心理阴影。被性侵犯的学生有转学需求的，教育部门和学校应予以安排。对性侵学生者，各地要依法严惩，决不姑息。

八、努力营造良好社会环境和舆论氛围

各地教育部门、公安机关要分析学校及周边安全形势，掌握治安乱点和突出问题，大力整治学校及周边安全隐患。各地公安机关要重点排查民办学校、城乡结合部学校、寄宿制学校内部及周边的安全隐患，严厉打击对少年儿童性侵犯的违法犯罪活动。要加强校园周边巡逻防控，防止发生社会人员性侵犯在校女学生案件。各地教育部门要协调有关部门进一步加强对学生保护工作的正面宣传引导，防止媒体过度渲染报道性侵犯学生案件，营造全社会共同关心、关爱学生健康成长的良好氛围。

九、积极构建长效机制

各地教育部门要将预防性侵犯教育作为安全教育的重要内容，在开学后、放假前等重点时段集中开展，纳入对新上岗教职工和新入学学生的培训教育中。共青团组织要将预防性侵犯教育作为青少年自护教育活动的重要方面，依托各地12355青少年服务台，开设自护教育热线，组织专业社工、公益律师、志愿者开展有针对性的自护教育、心理辅导和法律咨询。妇联组织要将预防性侵犯教育纳入女童尤其是农村留守流动女童家庭教育指导服务重点内容，维护女童合法权益。要加强协同配合，努力构建教育、公安、共青团、妇联、家庭、社会六位一体的保护中小学生工作机制，做到安全监管全覆盖。

中华人民共和国教育部

中华人民共和国公安部

共青团中央

全国妇联

2013年9月3日

关于推行校方责任保险 完善校园伤害事故风险管理机制的通知

教体艺〔2008〕2号

各省、自治区、直辖市教育厅（教委）、财政厅（局），新疆生产建设兵团教育局、财务局，各保监局：

为贯彻落实《中共中央 国务院关于加强青少年体育 增强青少年体质的意见》（中发〔2007〕7号）和《国务院关于保险业改革发展的若干意见》（国发〔2006〕23号）精神，建立和完善校园意外伤害事故风险管理机制，决定在全国各中小学校中推行意外伤害校方责任保险制度。现就有关事宜通知如下：

一、充分认识建立意外伤害校方责任保险制度的意义

当前，校园伤害事故呈现出多样性、复杂性，学校教育中面临的学生意外伤害风险对学校教育教学的影响日趋严重，学校安全管理工作的任务十分艰巨。保险是市场经济条件下进行风险管理和控制的基本手段，充分利用保险工具处理学校发生的安全责任事故，有利于防范和妥善化解各类校园安全事故责任风险，解除学校、家长的后顾之忧，有利于推动学校实施素质教育，有利于维护学校正常教育教学秩序，有利于保障广大在校学生的权益，避免或减少经济纠纷，减轻学校办学负担，维护校园和谐稳定，促进青少年健康成长。

二、推行校方责任保险制度的基本原则

（一）投保范围

由国家或社会力量举办的全日制普通中小学校（含特殊教育

学校)、中等职业学校,原则上都应投保校方责任保险。

(二)责任范围

校方责任保险基本范围包括因校方责任导致学生的人身伤害,依法应由校方承担的经济赔偿责任。具体可参照《学生意外伤害事故处理办法》规定的事故责任类型,由各省、自治区、直辖市结合当地实际情况确定。

(三)赔偿范围

各省、自治区、直辖市应参照《最高人民法院关于审理人身损害赔偿案件适用法律若干问题的解释》规定的项目,结合当地实际情况确定校方责任保险赔偿范围。

(四)经费保障

九年义务教育阶段学校投保校方责任保险所需费用,由学校公用经费中支出,每年每生不超过5元。其他学校投保校方责任保险的费用,由省、自治区、直辖市教育行政、财政部门和保险监管机构,按照《中共中央 国务院关于加强青少年体育 增强青少年体质的意见》(中发〔2007〕7号)的精神,制定相关办法。

(五)责任限额

各地要统筹考虑学校经济负担能力、责任范围、赔偿范围、保费水平等因素,结合当地经济、社会发展实际情况科学合理制定责任限额。

三、共同推进校方责任保险制度建设的基本要求

各省级教育行政、财政部门和保险监管机构负责本行政区域内校方责任保险投保工作,依据本通知提出的推行校方责任保险制度的基本原则,制订本行政区域实施校方责任保险制度的政策和办法。可根据保险公司提供的保险产品特点、本行政区域的网点覆盖情况、服务能力、保障条件和本地区的财政能力,经济发

展状况，通过招标等形式合理选择承保机构实施统一投保。经营校方责任保险的保险机构，应具有经保险监管部门备案的校方责任保险条款，具有完备的分支机构或网点，具备完善的服务水平、雄厚的技术实力、良好的风险管理能力和充足的偿付能力。

各省级教育行政、财政部门和保险监管机构要加强协调与合作，建立数据共享、信息互报和定期沟通的制度，合力推进校方责任保险工作，尽快促使全国全日制普通中小学（含特殊教育学校）和中等职业学校全面实现应保尽保。

保险监管部门要鼓励和引导保险公司科学评估风险，不断完善校园伤害事故保险产品体系，根据校方的需求提供更加丰富和差异化的产品。要加强对经营校方责任保险业务的保险机构市场行为监管力度，依法严厉查处不依法及时理赔的保险公司。充分利用保险的经济杠杆作用奖优罚劣，利用保险公司和中介服务公司提供专业服务，督促学校科学评估校园运动安全风险、完善安全管理制度、配齐安全设施、开展学生安全教育和宣传工作，最大程度促进和保障校园运动安全体系的建设。

保险公司应根据校方责任保险的保障及赔偿要求、当地学校风险状况，设计差异化费率体系和责任范围，为学校提供合理的保险产品；要加强风险管理和控制，提供针对校方风险的事前、事中、事后的全过程跟踪管理；要提高服务水平，本着"公平、公正、高效"的原则，探索建立学生医疗救治绿色通道、校方责任保险纠纷的协调解决等机制，及时迅速处理校方责任险理赔工作，为学校提供优质的理赔服务。

学校要积极开展安全教育，完善校园安全管理制度，保险公司要在学校配合下做好风险评估工作。

各有关部门要充分利用各种公众媒体，采取多种形式，主动宣传开展校方责任保险的重大意义，提升学校对责任保险的认知度，增强其责任意识、风险意识和保险意识，努力营造安全教育与责任保险相结合的良好氛围，促进学校建立与健全风险管理服务体系。

中华人民共和国教育部

中华人民共和国财政部

中国保监会

二〇〇八年四月三日

关于依法惩治性侵害未成年人犯罪的意见

最高人民法院　最高人民检察院　公安部　司法部印发
《关于依法惩治性侵害未成年人犯罪的意见》的通知
法发〔2013〕12号

各省、自治区、直辖市高级人民法院、人民检察院、公安厅（局）、司法厅（局），解放军军事法院、军事检察院，新疆维吾尔自治区高级人民法院生产建设兵团分院，新疆生产建设兵团人民检察院、公安局、司法局：

　　为依法惩治性侵害未成年人犯罪，加大对未成年人合法权益的司法保护，现将《最高人民法院、最高人民检察院、公安部、司法部关于依法惩治性侵害未成年人犯罪的意见》印发给你们，请认真贯彻执行。

最高人民法院
最高人民检察院
中华人民共和国公安部
中华人民共和国司法部
2013年10月23日

　　为依法惩治性侵害未成年人犯罪，保护未成年人合法权益，根据刑法、刑事诉讼法和未成年人保护法等法律和司法解释的规定，结合司法实践经验，制定本意见。

一、基本要求

（一）本意见所称性侵害未成年人犯罪，包括刑法第二百三十六条、第二百三十七条、第三百五十八条、第三百五十九条、第三百六十条第二款规定的针对未成年人实施的强奸罪，强制猥亵、侮辱妇女罪，猥亵儿童罪，组织卖淫罪，强迫卖淫罪，引诱、容留、介绍卖淫罪，引诱幼女卖淫罪，嫖宿幼女罪等。

（二）对于性侵害未成年人犯罪，应当依法从严惩治。

（三）办理性侵害未成年人犯罪案件，应当充分考虑未成年被害人身心发育尚未成熟、易受伤害等特点，贯彻特殊、优先保护原则，切实保障未成年人的合法权益。

（四）对于未成年人实施性侵害未成年人犯罪的，应当坚持双向保护原则，在依法保护未成年被害人的合法权益时，也要依法保护未成年犯罪嫌疑人、未成年被告人的合法权益。

（五）办理性侵害未成年人犯罪案件，对于涉及未成年被害人、未成年犯罪嫌疑人和未成年被告人的身份信息及可能推断出其身份信息的资料和涉及性侵害的细节等内容，审判人员、检察人员、侦查人员、律师及其他诉讼参与人应当予以保密。

对外公开的诉讼文书，不得披露未成年被害人的身份信息及可能推断出其身份信息的其他资料，对性侵害的事实注意以适当的方式叙述。

（六）性侵害未成年人犯罪案件，应当由熟悉未成年人身心特点的审判人员、检察人员、侦查人员办理，未成年被害人系女性的，应当有女性工作人员参与。

人民法院、人民检察院、公安机关设有办理未成年人刑事案件专门工作机构或者专门工作小组的，可以优先由专门工作机构或者专门工作小组办理性侵害未成年人犯罪案件。

（七）各级人民法院、人民检察院、公安机关和司法行政机关应当加强与民政、教育、妇联、共青团等部门及未成年人保护组织的联系和协作，共同做好性侵害未成年人犯罪预防和未成年被害人的心理安抚、疏导工作，从有利于未成年人身心健康的角度，对其给予必要的帮助。

（八）上级人民法院、人民检察院、公安机关和司法行政机关应当加强对下指导和业务培训。各级人民法院、人民检察院、公安机关和司法行政机关要增强对未成年人予以特殊、优先保护的司法理念，完善工作机制，提高办案能力和水平。

二、办案程序要求

（九）对未成年人负有监护、教育、训练、救助、看护、医疗等特殊职责的人员（以下简称负有特殊职责的人员）以及其他公民和单位，发现未成年人受到性侵害的，有权利也有义务向公安机关、人民检察院、人民法院报案或者举报。

（十）公安机关接到未成年人被性侵害的报案、控告、举报，应当及时受理，迅速进行审查。经审查，符合立案条件的，应当立即立案侦查。

公安机关发现可能有未成年人被性侵害或者接报相关线索的，无论案件是否属于本单位管辖，都应当及时采取制止违法犯罪行为、保护被害人、保护现场等紧急措施，必要时，应当通报有关部门对被害人予以临时安置、救助。

（十一）人民检察院认为公安机关应当立案侦查而不立案侦查的，或者被害人及其法定代理人、对未成年人负有特殊职责的人员据此向人民检察院提出异议的，人民检察院应当要求公安机关说明不立案的理由。人民检察院认为不立案理由不成立的，应当通知公安机关立案，公安机关接到通知后应当立案。

（十二）公安机关侦查未成年人被性侵害案件，应当依照法定程序，及时、全面收集固定证据。及时对性侵害犯罪现场进行勘查，对未成年被害人、犯罪嫌疑人进行人身检查，提取体液、毛发、被害人和犯罪嫌疑人指甲内的残留物等生物样本，指纹、足迹、鞋印等痕迹，衣物、纽扣等物品；及时提取住宿登记表等书证，现场监控录像等视听资料；及时收集被害人陈述、证人证言和犯罪嫌疑人供述等证据。

（十三）办案人员到未成年被害人及其亲属、未成年证人所在学校、单位、居住地调查取证的，应当避免驾驶警车、穿着制服或者采取其他可能暴露被害人身份、影响被害人名誉、隐私的方式。

（十四）询问未成年被害人，审判人员、检察人员、侦查人员和律师应当坚持不伤害原则，选择未成年人住所或者其他让未成年人心理上感到安全的场所进行，并通知其法定代理人到场。无法通知、法定代理人不能到场或者法定代理人是性侵害犯罪嫌疑人、被告人的，也可以通知未成年被害人的其他成年亲属或者所在学校、居住地基层组织、未成年人保护组织的代表等有关人员到场，并将相关情况记录在案。

询问未成年被害人，应当考虑其身心特点，采取和缓的方式进行。对与性侵害犯罪有关的事实应当进行全面询问，以一次询问为原则，尽可能避免反复询问。

（十五）人民法院、人民检察院办理性侵害未成年人案件，应当及时告知未成年被害人及其法定代理人或者近亲属有权委托诉讼代理人，并告知其如果经济困难，可以向法律援助机构申请法律援助。对需要申请法律援助的，应当帮助其申请法律援助。法律援助机构应当及时指派熟悉未成年人身心特点的律师为其提供法律帮助。

（十六）人民法院、人民检察院、公安机关办理性侵害未成年人犯罪案件，除有碍案件办理的情形外，应当将案件进展情况、案件处理结果及时告知被害人及其法定代理人，并对有关情况予以说明。

（十七）人民法院确定性侵害未成年人犯罪案件开庭日期后，应当将开庭的时间、地点通知未成年被害人及其法定代理人。未成年被害人的法定代理人可以陪同或者代表未成年被害人参加法庭审理，陈述意见，法定代理人是性侵害犯罪被告人的除外。

（十八）人民法院开庭审理性侵害未成年人犯罪案件，未成年被害人、证人确有必要出庭的，应当根据案件情况采取不暴露外貌、真实声音等保护措施。有条件的，可以采取视频等方式播放未成年人的陈述、证言，播放视频亦应采取保护措施。

三、准确适用法律

（十九）知道或者应当知道对方是不满十四周岁的幼女，而实施奸淫等性侵害行为的，应当认定行为人"明知"对方是幼女。

对于不满十二周岁的被害人实施奸淫等性侵害行为的，应当认定行为人"明知"对方是幼女。

对于已满十二周岁不满十四周岁的被害人，从其身体发育状况、言谈举止、衣着特征、生活作息规律等观察可能是幼女，而实施奸淫等性侵害行为的，应当认定行为人"明知"对方是幼女。

（二十）以金钱财物等方式引诱幼女与自己发生性关系的；知道或者应当知道幼女被他人强迫卖淫而仍与其发生性关系的，均以强奸罪论处。

（二十一）对幼女负有特殊职责的人员与幼女发生性关系的，以强奸罪论处。

对已满十四周岁的未成年女性负有特殊职责的人员，利用其优势地位或者被害人孤立无援的境地，迫使未成年被害人就范，而与其发生性关系的，以强奸罪定罪处罚。

（二十二）实施猥亵儿童犯罪，造成儿童轻伤以上后果，同时符合刑法第二百三十四条或者第二百三十二条的规定，构成故意伤害罪、故意杀人罪的，依照处罚较重的规定定罪处罚。

对已满十四周岁的未成年男性实施猥亵，造成被害人轻伤以上后果，符合刑法第二百三十四条或者第二百三十二条规定的，以故意伤害罪或者故意杀人罪定罪处罚。

（二十三）在校园、游泳馆、儿童游乐场等公共场所对未成年人实施强奸、猥亵犯罪，只要有其他多人在场，不论在场人员是否实际看到，均可以依照刑法第二百三十六条第三款、第二百三十七条的规定，认定为在公共场所"当众"强奸妇女，强制猥亵、侮辱妇女，猥亵儿童。

（二十四）介绍、帮助他人奸淫幼女、猥亵儿童的，以强奸罪、猥亵儿童罪的共犯论处。

（二十五）针对未成年人实施强奸、猥亵犯罪的，应当从重处罚，具有下列情形之一的，更要依法从严惩处：

1. 对未成年人负有特殊职责的人员、与未成年人有共同家庭生活关系的人员、国家工作人员或者冒充国家工作人员，实施强奸、猥亵犯罪的；

2. 进入未成年人住所、学生集体宿舍实施强奸、猥亵犯罪的；

3. 采取暴力、胁迫、麻醉等强制手段实施奸淫幼女、猥亵儿童犯罪的；

4. 对不满十二周岁的儿童、农村留守儿童、严重残疾或者精神智力发育迟滞的未成年人，实施强奸、猥亵犯罪的；

5. 猥亵多名未成年人，或者多次实施强奸、猥亵犯罪的；

6. 造成未成年被害人轻伤、怀孕、感染性病等后果的；

7. 有强奸、猥亵犯罪前科劣迹的。

（二十六）组织、强迫、引诱、容留、介绍未成年人卖淫构成犯罪的，应当从重处罚。强迫幼女卖淫、引诱幼女卖淫的，应当分别按照刑法第三百五十八条第一款第（二）项、第三百五十九条第二款的规定定罪处罚。

对未成年人负有特殊职责的人员、与未成年人有共同家庭生活关系的人员、国家工作人员，实施组织、强迫、引诱、容留、介绍未成年人卖淫等性侵害犯罪的，更要依法从严惩处。

（二十七）已满十四周岁不满十六周岁的人偶尔与幼女发生性关系，情节轻微、未造成严重后果的，不认为是犯罪。

四、其他事项

（二十八）对于强奸未成年人的成年犯罪分子判处刑罚时，一般不适用缓刑。

对于性侵害未成年人的犯罪分子确定是否适用缓刑，人民法院、人民检察院可以委托犯罪分子居住地的社区矫正机构，就对其宣告缓刑对所居住社区是否有重大不良影响进行调查。受委托的社区矫正机构应当及时组织调查，在规定的期限内将调查评估意见提交委托机关。

对于判处刑罚同时宣告缓刑的，可以根据犯罪情况，同时宣告禁止令，禁止犯罪分子在缓刑考验期内从事与未成年人有关的工作、活动，禁止其进入中小学校区、幼儿园园区及其他未成年人集中的场所，确因本人就学、居住等原因，经执行机关批准的除外。

（二十九）外国人在我国领域内实施强奸、猥亵未成年人等犯罪的,应当依法判处,在判处刑罚时,可以独立适用或者附加适用驱逐出境。对于尚不构成犯罪但构成违反治安管理行为的,或者因实施性侵害未成年人犯罪不适宜在中国境内继续停留居留的,公安机关可以依法适用限期出境或者驱逐出境。

(三十)对于判决已生效的强奸、猥亵未成年人犯罪案件,人民法院在依法保护被害人隐私的前提下,可以在互联网公布相关裁判文书,未成年人犯罪的除外。

(三十一)对于未成年人因被性侵害而造成的人身损害,为进行康复治疗所支付的医疗费、护理费、交通费、误工费等合理费用,未成年被害人及其法定代理人、近亲属提出赔偿请求的,人民法院依法予以支持。

(三十二)未成年人在幼儿园、学校或者其他教育机构学习、生活期间被性侵害而造成人身损害,被害人及其法定代理人、近亲属据此向人民法院起诉要求上述单位承担赔偿责任的,人民法院依法予以支持。

(三十三)未成年人受到监护人性侵害,其他具有监护资格的人员、民政部门等有关单位和组织向人民法院提出申请,要求撤销监护人资格,另行指定监护人的,人民法院依法予以支持。

(三十四)对未成年被害人因性侵害犯罪而造成人身损害,不能及时获得有效赔偿,生活困难的,各级人民法院、人民检察院、公安机关可会同有关部门,优先考虑予以司法救助。

校车安全管理条例

中华人民共和国国务院令

第617号

《校车安全管理条例》已经2012年3月28日国务院第197次常务会议通过,现予公布,自公布之日起施行。

总理 温家宝

二〇一二年四月五日

第一章 总 则

第一条 为了加强校车安全管理,保障乘坐校车学生的人身安全,制定本条例。

第二条 本条例所称校车,是指依照本条例取得使用许可,用于接送接受义务教育的学生上下学的7座以上的载客汽车。

接送小学生的校车应当是按照专用校车国家标准设计和制造的小学生专用校车。

第三条 县级以上地方人民政府应当根据本行政区域的学生数量和分布状况等因素，依法制定、调整学校设置规划，保障学生就近入学或者在寄宿制学校入学，减少学生上下学的交通风险。实施义务教育的学校及其教学点的设置、调整，应当充分听取学生家长等有关方面的意见。

县级以上地方人民政府应当采取措施，发展城市和农村的公共交通，合理规划、设置公共交通线路和站点，为需要乘车上下学的学生提供方便。

对确实难以保障就近入学，并且公共交通不能满足学生上下学需要的农村地区，县级以上地方人民政府应当采取措施，保障接受义务教育的学生获得校车服务。

国家建立多渠道筹措校车经费的机制，并通过财政资助、税收优惠、鼓励社会捐赠等多种方式，按照规定支持使用校车接送学生的服务。支持校车服务所需的财政资金由中央财政和地方财政分担，具体办法由国务院财政部门制定。支持校车服务的税收优惠办法，依照法律、行政法规规定的税收管理权限制定。

第四条 国务院教育、公安、交通运输以及工业和信息化、质量监督检验检疫、安全生产监督管理等部门依照法律、行政法规和国务院的规定，负责校车安全管理的有关工作。国务院教育、公安部门会同国务院有关部门建立校车安全管理工作协调机制，统筹协调校车安全管理工作中的重大事项，共同做好校车安全管理工作。

第五条 县级以上地方人民政府对本行政区域的校车安全管理工作负总责，组织有关部门制定并实施与当地经济发展水平和校车服务需求相适应的校车服务方案，统一领导、组织、协调有关部门履行校车安全管理职责。

县级以上地方人民政府教育、公安、交通运输、安全生产监督管理等有关部门依照本条例以及本级人民政府的规定，履行校车安全管理的相关职责。有关部门应当建立健全校车安全管理信息共享机制。

第六条 国务院标准化主管部门会同国务院工业和信息化、公安、交通运输等部门，按照保障安全、经济适用的要求，制定并及时修订校车安全国家标准。

生产校车的企业应当建立健全产品质量保证体系，保证所生产（包括改装，下同）的校车符合校车安全国家标准；不符合标准的，不得出厂、销售。

第七条 保障学生上下学交通安全是政府、学校、社会和家庭的共同责任。社会各方面应当为校车通行提供便利，协助保障校车通行安全。

第八条 县级和设区的市级人民政府教育、公安、交通运输、安全生产监督管理部门应当设立并公布举报电话、举报网络平台，方便群众举报违反校车安全管理规定的行为。

接到举报的部门应当及时依法处理；对不属于本部门管理职责的举报，应当及时移送有关部门处理。

第二章　学校和校车服务提供者

第九条 学校可以配备校车。依法设立的道路旅客运输经营企业、城市公共交通企业，以及根据县级以上地方人民政府规定设立的校车运营单位，可以提供校车服务。

县级以上地方人民政府根据本地区实际情况，可以制定管理办法，组织依法取得道路旅客运输经营许可的个体经营者提供校车服务。

第十条 配备校车的学校和校车服务提供者应当建立健全校车安全管理制度，配备安全管理人员，加强校车的安全维护，定期对校车驾驶人进行安全教育，组织校车驾驶人学习道路交通安全法律法规以及安全防范、应急处置和应急救援知识，保障学生乘坐校车安全。

第十一条 由校车服务提供者提供校车服务的，学校应当与校车服务提供者签订校车安全管理责任书，明确各自的安全管理责任，落实校车运行安全管理措施。

学校应当将校车安全管理责任书报县级或者设区的市级人民政府教育行政部门备案。

第十二条 学校应当对教师、学生及其监护人进行交通安全教育，向学生讲解校车安全乘坐知识和校车安全事故应急处理技能，并定期组织校车安全事故应急处理演练。

学生的监护人应当履行监护义务，配合学校或者校车服务提供者的校车安全管理工作。学生的监护人应当拒绝使用不符合安全要求的车辆接送学生上下学。

第十三条 县级以上地方人民政府教育行政部门应当指导、监督学校建立健全校车安全管理制度，落实校车安全管理责任，组织学校开展交通安全教育。公安机关交通管理部门应当配合教育行政部门组织学校开展交通安全教育。

第三章 校车使用许可

第十四条 使用校车应当依照本条例的规定取得许可。

取得校车使用许可应当符合下列条件：

（一）车辆符合校车安全国家标准，取得机动车检验合格证明，并已经在公安机关交通管理部门办理注册登记；

（二）有取得校车驾驶资格的驾驶人；

（三）有包括行驶线路、开行时间和停靠站点的合理可行的校车运行方案；

（四）有健全的安全管理制度；

（五）已经投保机动车承运人责任保险。

第十五条 学校或者校车服务提供者申请取得校车使用许可，应当向县级或者设区的市级人民政府教育行政部门提交书面申请和证明其符合本条例第十四条规定条件的材料。教育行政部门应当自收到申请材料之日起3个工作日内，分别送同级公安机关交通管理部门、交通运输部门征求意见，公安机关交通管理部门和交通运输部门应当在3个工作日内回复意见。教育行政部门应当自收到回复意见之日起5个工作日内提出审查意见，报本级人民政府。本级人民政府决定批准的，由公安机关交通管理部门发给校车标牌，并在机动车行驶证上签注校车类型和核载人数；不予批准的，书面说明理由。

第十六条 校车标牌应当载明本车的号牌号码、车辆的所有人、驾驶人、行驶线路、开行时间、停靠站点以及校车标牌发牌单位、有效期等事项。

第十七条 取得校车标牌的车辆应当配备统一的校车标志灯和停车指示标志。

校车未运载学生上道路行驶的，不得使用校车标牌、校车标志灯和停车指示标志。

第十八条 禁止使用未取得校车标牌的车辆提供校车服务。

第十九条 取得校车标牌的车辆达到报废标准或者不再作为

校车使用的,学校或者校车服务提供者应当将校车标牌交回公安机关交通管理部门。

第二十条 校车应当每半年进行一次机动车安全技术检验。

第二十一条 校车应当配备逃生锤、干粉灭火器、急救箱等安全设备。安全设备应当放置在便于取用的位置,并确保性能良好、有效适用。

校车应当按照规定配备具有行驶记录功能的卫星定位装置。

第二十二条 配备校车的学校和校车服务提供者应当按照国家规定做好校车的安全维护,建立安全维护档案,保证校车处于良好技术状态。不符合安全技术条件的校车,应当停运维修,消除安全隐患。

校车应当由依法取得相应资质的维修企业维修。承接校车维修业务的企业应当按照规定的维修技术规范维修校车,并按照国务院交通运输主管部门的规定对所维修的校车实行质量保证期制度,在质量保证期内对校车的维修质量负责。

第四章 校车驾驶人

第二十三条 校车驾驶人应当依照本条例的规定取得校车驾驶资格。

取得校车驾驶资格应当符合下列条件:

(一)取得相应准驾车型驾驶证并具有3年以上驾驶经历,年龄在25周岁以上、不超过60周岁;

(二)最近连续3个记分周期内没有被记满分记录;

(三)无致人死亡或者重伤的交通事故责任记录;

(四)无饮酒后驾驶或者醉酒驾驶机动车记录,最近1年内无驾驶客运车辆超员、超速等严重交通违法行为记录；

（五）无犯罪记录；

（六）身心健康，无传染性疾病，无癫痫、精神病等可能危及行车安全的疾病病史，无酗酒、吸毒行为记录。

第二十四条 机动车驾驶人申请取得校车驾驶资格，应当向县级或者设区的市级人民政府公安机关交通管理部门提交书面申请和证明其符合本条例第二十三条规定条件的材料。公安机关交通管理部门应当自收到申请材料之日起5个工作日内审查完毕，对符合条件的，在机动车驾驶证上签注准许驾驶校车；不符合条件的，书面说明理由。

第二十五条 机动车驾驶人未取得校车驾驶资格，不得驾驶校车。禁止聘用未取得校车驾驶资格的机动车驾驶人驾驶校车。

第二十六条 校车驾驶人应当每年接受公安机关交通管理部门的审验。

第二十七条 校车驾驶人应当遵守道路交通安全法律法规，严格按照机动车道路通行规则和驾驶操作规范安全驾驶、文明驾驶。

第五章　校车通行安全

第二十八条 校车行驶线路应当尽量避开急弯、陡坡、临崖、临水的危险路段；确实无法避开的，道路或者交通设施的管理、养护单位应当按照标准对上述危险路段设置安全防护设施、限速标志、警告标牌。

第二十九条 校车经过的道路出现不符合安全通行条件的状况或者存在交通安全隐患的，当地人民政府应当组织有关部门及时改善道路安全通行条件、消除安全隐患。

第三十条 校车运载学生，应当按照国务院公安部门规定的位置放置校车标牌，开启校车标志灯。

校车运载学生，应当按照经审核确定的线路行驶，遇有交通管制、道路施工以及自然灾害、恶劣气象条件或者重大交通事故等影响道路通行情形的除外。

第三十一条 公安机关交通管理部门应当加强对校车行驶线路的道路交通秩序管理。遇交通拥堵的，交通警察应当指挥疏导运载学生的校车优先通行。

校车运载学生，可以在公共交通专用车道以及其他禁止社会车辆通行但允许公共交通车辆通行的路段行驶。

第三十二条 校车上下学生，应当在校车停靠站点停靠；未设校车停靠站点的路段可以在公共交通站台停靠。

道路或者交通设施的管理、养护单位应当按照标准设置校车停靠站点预告标识和校车停靠站点标牌，施划校车停靠站点标线。

第三十三条 校车在道路上停车上下学生，应当靠道路右侧停靠，开启危险报警闪光灯，打开停车指示标志。校车在同方向只有一条机动车道的道路上停靠时，后方车辆应当停车等待，不得超越。校车在同方向有两条以上机动车道的道路上停靠时，校车停靠车道后方和相邻机动车道上的机动车应当停车等待，其他机动车道上的机动车应当减速通过。校车后方停车等待的机动车不得鸣喇叭或者使用灯光催促校车。

第三十四条 校车载人不得超过核定的人数，不得以任何理由超员。

学校和校车服务提供者不得要求校车驾驶人超员、超速驾驶校车。

第三十五条 载有学生的校车在高速公路上行驶的最高时速不得超过80公里，在其他道路上行驶的最高时速不得超过60公里。

道路交通安全法律法规规定或者道路上限速标志、标线标明的最高时速低于前款规定的，从其规定。

载有学生的校车在急弯、陡坡、窄路、窄桥以及冰雪、泥泞的道路上行驶，或者遇有雾、雨、雪、沙尘、冰雹等低能见度气象条件时，最高时速不得超过20公里。

第三十六条 交通警察对违反道路交通安全法律法规的校车，可以在消除违法行为的前提下先予放行，待校车完成接送学生任务后再对校车驾驶人进行处罚。

第三十七条 公安机关交通管理部门应当加强对校车运行情况的监督检查，依法查处校车道路交通安全违法行为，定期将校车驾驶人的道路交通安全违法行为和交通事故信息抄送其所属单位和教育行政部门。

第六章　校车乘车安全

第三十八条 配备校车的学校、校车服务提供者应当指派照管人员随校车全程照管乘车学生。校车服务提供者为学校提供校车服务的，双方可以约定由学校指派随车照管人员。

学校和校车服务提供者应当定期对随车照管人员进行安全教育，组织随车照管人员学习道路交通安全法律法规、应急处置和应急救援知识。

第三十九条 随车照管人员应当履行下列职责：

（一）学生上下车时，在车下引导、指挥，维护上下车秩序；

（二）发现驾驶人无校车驾驶资格、饮酒、醉酒后驾驶，或者身体严重不适以及校车超员等明显妨碍行车安全情形的，制止校车开行；

（三）清点乘车学生人数，帮助、指导学生安全落座、系好安全带，确认车门关闭后示意驾驶人启动校车；

（四）制止学生在校车行驶过程中离开座位等危险行为；

（五）核实学生下车人数，确认乘车学生已经全部离车后本人方可离车。

第四十条 校车的副驾驶座位不得安排学生乘坐。

校车运载学生过程中，禁止除驾驶人、随车照管人员以外的人员乘坐。

第四十一条 校车驾驶人驾驶校车上道路行驶前，应当对校车的制动、转向、外部照明、轮胎、安全门、座椅、安全带等车况是否符合安全技术要求进行检查，不得驾驶存在安全隐患的校车上道路行驶。

校车驾驶人不得在校车载有学生时给车辆加油，不得在校车发动机引擎熄灭前离开驾驶座位。

第四十二条 校车发生交通事故，驾驶人、随车照管人员应当立即报警，设置警示标志。乘车学生继续留在校车内有危险的，随车照管人员应当将学生撤离到安全区域，并及时与学校、校车服务提供者、学生的监护人联系处理后续事宜。

第七章 法律责任

第四十三条 生产、销售不符合校车安全国家标准的校车的，依照道路交通安全、产品质量管理的法律、行政法规的规定处罚。

第四十四条 使用拼装或者达到报废标准的机动车接送学生的，由公安机关交通管理部门收缴并强制报废机动车；对驾驶人处 2000 元以上 5000 元以下的罚款，吊销其机动车驾驶证；对车辆所有人处 8 万元以上 10 万元以下的罚款，有违法所得的予以没收。

第四十五条 使用未取得校车标牌的车辆提供校车服务，或者使用未取得校车驾驶资格的人员驾驶校车的，由公安机关交通管理部门扣留该机动车，处 1 万元以上 2 万元以下的罚款，有违法所得的予以没收。

取得道路运输经营许可的企业或者个体经营者有前款规定的违法行为，除依照前款规定处罚外，情节严重的，由交通运输主管部门吊销其经营许可证件。

伪造、变造或者使用伪造、变造的校车标牌的，由公安机关交通管理部门收缴伪造、变造的校车标牌，扣留该机动车，处 2000 元以上 5000 元以下的罚款。

第四十六条 不按照规定为校车配备安全设备，或者不按照规定对校车进行安全维护的，由公安机关交通管理部门责令改正，处 1000 元以上 3000 元以下的罚款。

第四十七条 机动车驾驶人未取得校车驾驶资格驾驶校车的，由公安机关交通管理部门处 1000 元以上 3000 元以下的罚款，情节严重的，可以并处吊销机动车驾驶证。

第四十八条 校车驾驶人有下列情形之一的，由公安机关交通管理部门责令改正，可以处 200 元罚款：

（一）驾驶校车运载学生，不按照规定放置校车标牌、开启校车标志灯，或者不按照经审核确定的线路行驶；

（二）校车上下学生，不按照规定在校车停靠站点停靠；

（三）校车未运载学生上道路行驶，使用校车标牌、校车标志灯和停车指示标志；

（四）驾驶校车上道路行驶前，未对校车车况是否符合安全技术要求进行检查，或者驾驶存在安全隐患的校车上道路行驶；

（五）在校车载有学生时给车辆加油，或者在校车发动机引擎熄灭前离开驾驶座位。

校车驾驶人违反道路交通安全法律法规关于道路通行规定的，由公安机关交通管理部门依法从重处罚。

第四十九条 校车驾驶人违反道路交通安全法律法规被依法处罚或者发生道路交通事故，不再符合本条例规定的校车驾驶人条件的，由公安机关交通管理部门取消校车驾驶资格，并在机动车驾驶证上签注。

第五十条 校车载人超过核定人数的，由公安机关交通管理部门扣留车辆至违法状态消除，并依照道路交通安全法律法规的规定从重处罚。

第五十一条 公安机关交通管理部门查处校车道路交通安全违法行为，依法扣留车辆的，应当通知相关学校或者校车服务提供者转运学生，并在违法状态消除后立即发还被扣留车辆。

第五十二条 机动车驾驶人违反本条例规定，不避让校车的，由公安机关交通管理部门处200元罚款。

第五十三条 未依照本条例规定指派照管人员随校车全程照管乘车学生的，由公安机关责令改正，可以处500元罚款。

随车照管人员未履行本条例规定的职责的，由学校或者校车服务提供者责令改正；拒不改正的，给予处分或者予以解聘。

第五十四条 取得校车使用许可的学校、校车服务提供者违反本条例规定，情节严重的，原作出许可决定的地方人民政府可以吊销其校车使用许可,由公安机关交通管理部门收回校车标牌。

第五十五条 学校违反本条例规定的,除依照本条例有关规定予以处罚外,由教育行政部门给予通报批评;导致发生学生伤亡事故的,对政府举办的学校的负有责任的领导人员和直接责任人员依法给予处分;对民办学校由审批机关责令暂停招生,情节严重的,吊销其办学许可证,并由教育行政部门责令负有责任的领导人员和直接责任人员5年内不得从事学校管理事务。

第五十六条 县级以上地方人民政府不依法履行校车安全管理职责,致使本行政区域发生校车安全重大事故的,对负有责任的领导人员和直接责任人员依法给予处分。

第五十七条 教育、公安、交通运输、工业和信息化、质量监督检验检疫、安全生产监督管理等有关部门及其工作人员不依法履行校车安全管理职责的,对负有责任的领导人员和直接责任人员依法给予处分。

第五十八条 违反本条例的规定,构成违反治安管理行为的,由公安机关依法给予治安管理处罚;构成犯罪的,依法追究刑事责任。

第五十九条 发生校车安全事故,造成人身伤亡或者财产损失的,依法承担赔偿责任。

第八章 附 则

第六十条 县级以上地方人民政府应当合理规划幼儿园布局,方便幼儿就近入园。

入园幼儿应当由监护人或者其委托的成年人接送。对确因特殊情况不能由监护人或者其委托的成年人接送,需要使用车辆集中接送的，应当使用按照专用校车国家标准设计和制造的幼儿专用校车，遵守本条例校车安全管理的规定。

第六十一条 省、自治区、直辖市人民政府应当结合本地区实际情况，制定本条例的实施办法。

第六十二条 本条例自公布之日起施行。

本条例施行前已经配备校车的学校和校车服务提供者及其聘用的校车驾驶人应当自本条例施行之日起90日内，依照本条例的规定申请取得校车使用许可、校车驾驶资格。

本条例施行后，用于接送小学生、幼儿的专用校车不能满足需求的，在省、自治区、直辖市人民政府规定的过渡期限内可以使用取得校车标牌的其他载客汽车。

附 录

关于贯彻落实《校车安全管理条例》
进一步加强校车安全管理工作的通知

教基一〔2012〕10号

各省、自治区、直辖市教育厅（教委）、公安厅（局）、党委宣传部、发展改革委、工业和信息化主管部门、司法厅（局）、财政厅（局）、住房城乡建设厅（局）、交通运输厅（委）、国家税务局、地方税务局、质量技术监督局、广电局、安全监管局、法制办、新闻办、保监局、总工会、团委、妇联、关工委，计划单列市国家税务局、地方税务局，新疆生产建设兵团教育局、公安局、党委宣传部、发展改革委、工业和信息化委员会、司法局、财务局、建设局、交通局、质量技术监督局、广电局、安全监管局、法制办、新闻办、保监局、总工会、团委、妇联、关工委：

  国务院批准成立校车安全管理部际联席会议。为贯彻落实《校车安全管理条例》（以下简称《条例》），切实做好校车安全管理工作，校车安全管理部际联席会议成员单位就有关事项联合通知如下：

  一、建立校车安全管理工作机制

  县以上地方各级人民政府要建立相关部门参加的校车安全管

理工作机制，统筹协调学生上下学安全管理工作。要明确参与校车安全管理工作机制相关部门的职责，充分发挥工作机制作用，全面掌握当地学生上下学乘车情况和校车运营情况，确定校车安全管理的工作目标和任务，研究制定校车安全管理政策措施，建立健全校车安全管理各项制度，协调解决校车安全管理的有关问题，确保校车安全。

二、制定《条例》实施办法

《条例》要求省级人民政府制定实施办法。各地要按照《条例》"保障学生就近入学、寄宿制学校入学、公共交通满足入学、提供校车服务"依次优先的原则，在充分调查研究的基础上结合本地区实际情况，抓紧制订《条例》的实施办法，设定合理的过渡期限，细化完善《条例》的要求，对校车使用许可、校车驾驶人资格审批、校车通行安全和乘车安全以及法律责任作出详细规定，把校车服务的重点放在确实难以保障就近入学且公共交通不能满足需要的农村地区。要保障过渡期期限内接送学生上下学的所有符合规定条件的载客汽车都取得校车标牌，过渡期结束后，所有接送小学生、幼儿上下学的校车为符合国家校车标准的专用校车。

三、制定校车服务方案

有必要提供校车服务的地方，要以县为单位制定校车服务方案。县级人民政府要在保障就近入学、建设寄宿制学校、充分发挥公共交通作用的基础上，根据学校分布、需要校车服务的学生人数和道路交通状况等，因地制宜制订校车服务方案，确定校车运营模式，建立校车安全管理制度，并依据本省级人民政府设定的过渡期限确定服务方案实施的时间和步骤。要鼓励大型公交、客运企业提供校车服务，提倡有条件的地方通过成立专业运营单位或政府购买运营公司服务等方式，逐步实现校车运营管理的专业化和集约化。校车服务方案要通过适当的方式充分听取群众意见，经地市级人民政府统筹，报省级政府审核同意后实施。各省（区、市）要加强对县（市、区）级校车服务方案的指导协调，在县级校车服务方案的基础上形成省级校车服务方案。

四、确保过渡期交通安全

县级人民政府要针对过渡期大量不符合国家校车标准的载客汽车作为幼儿、小学生校车使用的实际情况，按照"既保证安全、又不让学生无车可乘"的原则制订过渡期交通安全方案，组织建立并严格落实校车使用许可制度和校车驾驶员资格审批制度，凡是用于接送学生上下学的7座以上载客汽车及其驾驶人员都应取得校车使用许可和校车驾驶资格，坚决杜绝使用未取得校车标牌的车辆提供校车服务或者使用未取得校车驾驶资格的人员驾驶校车。要充实和加强监管力量，加强道路巡逻管控，强化对在过渡期内仍可以作为幼儿、小学生校车使用但不符合国家校车标准的载客汽车的管理，使学生接送车辆依法依规安全运行，确保学生上下学乘车安全。

五、开展专项治理

各地要在今年秋季开学后开展一次专项治理。对使用拼装或者达到报废标准的机动车接送学生的，要依法收缴并强制报废机动车，严格依法处罚机动车驾驶人和所有人。对使用未取得校车标牌的车辆提供校车服务，或者使用未取得校车驾驶资格的人驾驶校车的，要严格依法处罚。对校车超速、超员等严重交通违法行为，要严格监督，依法查处。对校车驾驶人因交通违法、交通事故等原因，不符合《条例》规定的校车驾驶人条件的，要坚决依法取消其校车驾驶资格。对其他机动车辆不避让停靠上下学生的校车的，要严格依法查处。

六、开展校车安全管理专项督查

校车安全管理部际联席会议将于 2012 年秋季组织开展全国《条例》贯彻落实情况专项督查。专项督查的内容是：各省（区、市）校车安全管理协调机制建立和《条例》实施办法制定情况，有关部门工作开展情况；校车生产销售情况；各县（区、市）校车服务方案、过渡期交通安全方案的制定情况，校车使用许可制度建立和执行情况，校车驾驶人审批管理情况，校车档案和校车安全管理信息共享机制建立情况；配备校车的学校和校车服务提供者校车安全管理制度建立落实情况，校车安全管理责任书签订情况，随车照管人员配备管理情况，学校交通安全教育开展情况等。在此之前，各省（区、市）也要组织开展贯彻落实《条例》专项督查。

七、履行部门职责

各相关部门要在地方人民政府领导下，认真履行《条例》和其他法律法规规定的职责，发挥自身优势，切实做好各项工作。要充分发挥工会、共青团、妇联、关工委等人民团体和社会团体以及居民委员会、村民委员会等有关基层组织在校车安全管理工作中的作用。有关部门要加强合作、密切配合、大力协同、形成合力，扎实推进校车安全管理工作。要细化职责任务，及时沟通情况，加强指导协调，推广先进经验，加强宣传引导，建立完善沟通协调机制、信息共享机制、校车经费筹措机制等。

中华人民共和国教育部
中华人民共和国公安部
中国共产党中央委员会宣传部

中华人民共和国国家发展和改革委员会
中华人民共和国工业和信息化部
中华人民共和国司法部
中华人民共和国财政部
中华人民共和国住房和城乡建设部
中华人民共和国交通运输部
国家税务总局
中华人民共和国国家质量监督检验检疫总局
国家广播电影电视总局
国家安全生产监督管理总局
国务院法制办公室
国务院新闻办公室
中国保险监督管理委员会
中华全国总工会
中国共产主义青年团中央委员会
中华全国妇女联合会
中国关心下一代工作委员会
2012年8月6日

专用校车生产企业及产品准入管理规则

中华人民共和国工业和信息化部公告

2012 年第 25 号

根据《校车安全管理条例》、《国务院对确需保留的行政审批项目设定行政许可的决定》和《汽车产业发展政策》有关规定，工业和信息化部制定了《专用校车生产企业及产品准入管理规则》。现予以发布，请遵照执行。

本规则自 2012 年 8 月 1 日起施行。本规则施行后，与本规则不一致的，以本规则为准。

中华人民共和国工业和信息化部

二〇一二年六月二十五日

第一章 总 则

第一条 为规范专用校车生产企业及产品的准入管理，维护专用校车产品市场竞争秩序，保证专用校车生产一致性，提高专用校车产品安全性能，根据《校车安全管理条例》、《国务院对确需保留的行政审批项目设定行政许可的决定》和《汽车产业发展政策》等有关规定，制定本规则。

第二条 在中华人民共和国境内从事境内使用的专用校车产品生产的企业（以下简称专用校车生产企业）及其生产的专用校车产品，适用本规则。

本规则所称专用校车产品,是指国家标准 GB 24407-2012《专用校车安全技术条件》中第 3.1 款至第 3.4 款所定义的,设计和制造上专门用于运送幼儿或学生的校车。

第二章 准入条件及管理

第三条 工业和信息化部按照专用校车产品类别,对专用校车生产企业及产品准入实施分类管理。专用校车生产企业应当按照批准的产品类别组织相应产品的生产、销售。

专用校车按照产品类别分为轻型专用校车和大中型专用校车,具体见《专用校车产品划分表》(附件1)。

专用校车生产企业按生产方式分为整车类生产企业和改装类生产企业,其中改装类生产企业不得生产承载式车身的专用校车产品。

第四条 专用校车生产企业准入条件:

申请专用校车生产企业准入的,应当具有《车辆生产企业及产品公告》(以下简称《公告》)内整车类客车或改装类客车生产资质,且应当满足以下要求:

(一)符合国家相关法律、法规、规章和国家产业政策、宏观调控政策。

(二)具备一定的规模和必要的生产能力及条件,并有同类客车的生产业绩。

(三)具备必要的产品设计开发能力。

(四)所生产的产品符合有关国家标准及规定。

(五)具备保证产品生产一致性的能力。

(六)具备产品销售和售后服务能力。

前款规定的具体准入条件见《专用校车生产企业准入条件及

考核要求》(附件2,以下简称《准入条件》)。

本规则发布前已按《商用车生产企业及产品准入管理规则》(工产业〔2010〕第132号公告)通过商用车生产企业准入考核的客车企业申请专用校车生产企业准入时,可适当简化考核内容,不再考核重复条款。

具备一定条件的大型汽车企业集团(以下简称企业集团),在企业集团统一规划、统一管理、承担相应监管责任的前提下,其下属企业(下属子公司及分公司)的准入条件可以适当简化,具体见《企业集团下属企业的准入条件及考核要求》(附件3)。

第五条 专用校车产品准入条件:

(一)专用校车产品符合安全、环保、节能、防盗等有关标准和规定。

(二)专用校车产品经指定的检测机构(以下简称检测机构)检测合格。

(三)专用校车产品未侵犯他人知识产权。

(四)改装类生产企业生产的专用校车产品,应当采用已按本规则考核合格的整车生产企业提供的底盘产品。

第六条 申请专用校车生产企业准入的,应当提交以下材料:

(一)《专用校车生产企业准入申请书》(附件4)一式2份。

(二)企业法人营业执照复印件,中外合资企业还应当提交中外股东持股比例证明。

(三)质量手册(全文)及程序文件(目录),质量体系认证证书复印件。

(四)企业具备专用校车产品设计、生产、营销、售后服务能力,以及生产一致性保证能力等方面的说明。

(五)企业近三年生产销售客车(含专用校车)产品的情况。

（六）检测机构出具的专用校车产品检测报告。

第七条 申请专用校车产品准入的，应当提交以下材料：

（一）《公告》参数。

（二）《车辆主要技术参数及主要配置备案表》。

（三）《车辆产品强制性检测项目方案表》。

（四）检测机构出具的专用校车产品检测报告。

（五）专用校车产品的其他证明文件。

专用校车产品准入申请材料应当通过工业和信息化部指定的信息系统提交。

第八条 新建专用校车生产企业或现有非客车生产企业跨类生产专用校车产品的，应当按照《汽车产业发展政策》和国家有关投资管理规定，先行办理客车投资项目批准手续。待满足《准入条件》后，方可申请专用校车生产企业及产品准入。

第九条 专用校车生产企业基本情况或能力条件发生变化的（包括变更企业名称、变更法定代表人、变更注册地址、变更或增加生产地址、扩展产品类别等），应当向工业和信息化部申请变更，并提交以下部分或全部申请材料：

（一）企业相关条件变化情况或拟开展兼并重组的申请。

（二）公司章程和兼并重组协议、合资协议。

（三）职工代表大会、董事会或股东大会决议。

（四）根据国家有关投资管理规定需办理的项目核准或备案文件，或企业变化符合《汽车产业发展政策》的说明。

（五）企业隶属的资产管理部门出具的相关批复文件。

（六）企业变化前后的营业执照复印件。

（七）企业对照《准入条件》进行自我评估的报告。

（八）列入《公告》的产品清单及产品变更方案。

（九）其他需要说明的相关情况及佐证材料。

工业和信息化部按照《准入条件》对除变更法定代表人以外的前述申请变更企业进行考核；对达不到《准入条件》规定的，将暂停其专用校车新产品申报或暂停其专用校车生产资质。

第十条 专用校车生产企业应当持续满足准入条件和生产一致性监督管理办法的要求，正常开展生产、销售和售后服务等经营活动。工业和信息化部对专用校车生产企业及产品实行动态监督管理。

第十一条 当专用校车生产企业及产品有下列情况之一的，工业和信息化部视情节轻重，给予其暂停专用校车新产品申报，暂停或撤销专用校车产品《公告》，暂停或撤销专用校车生产资质处理：

（一）不能持续满足《准入条件》。

（二）不履行在生产一致性和售后服务等方面的承诺。

（三）产品不符合国家标准或生产一致性要求，在规定期限内经整改仍不能符合要求。

（四）在监督检查中隐瞒有关情况、提供虚假资料或者拒绝提供真实资料，或者拒绝主管部门监督检查。

（五）法律、法规、规章规定的其他违法行为。

第三章 附 则

第十二条 专用校车生产企业的生产资质有效期为三年，需延续生产资质的企业应在有效期届满前六个月前提出申请。符合《准入条件》规定的具体准入条件并履行承诺的企业，可延续专用校车生产资质。其中，对于正常生产的专用校车生产企业，可简化准入批准手续。

第十三条 在本规则发布前已有专用校车产品列入《公告》的生产企业，应当保证其专用校车产品满足现行法规和标准的要求，且在本规则施行之日起一年内向工业和信息化部提交企业准入申请并通过准入考核后，方可继续生产专用校车产品。逾期未提出准入申请、或者准入考核不合格的企业，工业和信息化部将暂停或撤销其专用校车生产资质。

第十四条 本规则由工业和信息化部负责解释。

第十五条 本规则自2012年8月1日起施行。

附件：1. 专用校车产品划分表（略）

2. 专用校车生产企业准入条件及考核要求（略）

3. 企业集团下属企业的准入条件及考核要求（略）

4. 专用校车生产企业准入申请书（略）

校园预防违法犯罪及反邪教教育

关于进一步加强中小学生毒品预防教育工作的通知

禁毒委发〔2002〕13号

为贯彻落实党的十六大关于加强法制宣传教育、青少年思想道德建设及国务院关于在中小学生中普遍开展预防艾滋病、预防毒品和环境保护教育的要求,进一步加强中小学生毒品预防教育工作,国家禁毒委员会、中央社会治安综合治理委员会办公室、教育部、共青团中央决定,从2003年春季开始,在小学五年级至高中二年级全面开展毒品预防主题教育。现将有关事项通知如下:

一、从实践"三个代表"和关注民族未来的高度,进一步重视和加强中小学生毒品预防教育工作

当前,受国际毒潮的影响,我国的毒品问题仍在发展蔓延,青少年吸毒人数持续上升。特别是在鸦片、海洛因等传统毒品尚未得到有效控制的情况下,吸食、制贩冰毒、摇头丸等新型毒品

违法犯罪活动又来势迅猛,严重影响青少年一代的身心健康。抓好中小学生毒品预防教育工作,是贯彻落实党的十六大精神、实践"三个代表"重要思想的具体体现,是保护青少年健康成长、最大限度减少新吸毒人员滋生、预防青少年违法犯罪的重要措施,也是加强公民思想道德建设的重要组成部分。各级禁毒、综治、教育行政部门和共青团组织要从实践"三个代表"重要思想、关注民族未来的高度,进一步重视和加强中小学生毒品预防教育工作,切实增强紧迫感和责任感。要在既往工作基础上,抓住机遇,采取切实有力措施,大力抓好中小学生毒品预防教育。

二、加强协作,落实责任,确保各项工作措施落到实处

各级禁毒、综治、教育行政部门和共青团组织要积极履行职责,充分发挥自身优势,注重协作配合,加强对中小学生毒品预防教育工作的组织、指导、协调、督促和经费上的支持。要建立并不断完善由禁毒、综治、教育行政、团组织等有关职能部门和学校负责人参加的联席会议制度,定期或不定期召集联席会议,交流情况,研究问题,部署检查工作,逐步形成齐抓共管的中小学生毒品预防教育工作机制。要建立和健全中小学生毒品预防教育责任制,学校主要领导要充分履行毒品预防教育工作第一责任人的职责。要把学校无涉毒现象作为综合评定学校工作的一项重要指标,并纳入社会治安综合治理目标管理责任制考核范围。

各级共青团组织要指导和帮助中小学校共青团、少先队组织开展禁毒教育主题团(队)日活动,积极组织开展"禁毒自护教育"培训班、夏令营等,使中小学生在喜闻乐见、寓教于乐的课外和校外活动中接受毒品预防教育。

各级综治部门要组织协调有关部门加强对中小学校及周边地区治安环境的综合治理,落实预防青少年违法犯罪工作措施,充

分发挥兼职法制副校长的作用，强化禁毒法制教育，加强对中小学校治安综合治理的目标管理和考核。

各级禁毒部门要充分发挥组织、协调和督促作用，支持、指导同级教育行政、综治部门和共青团组织积极开展课内外、校内外的毒品预防教育活动；要积极开展中小学生毒品预防教育的师资培训工作，并根据需要选派骨干到中小学校举办禁毒知识讲座；要有计划地组织中小学生参观禁毒教育基地和戒毒所，积极开展直观教育，提高学生的感性认识。

三、充分发挥课堂教学的主渠道作用，不断增强中小学生毒品预防教育的科学性、针对性和实效性

2003年春季开始，全国中小学校从小学五年级至高中二年级全面开展毒品预防主题教育，在原有每学年开展"禁毒知识一堂课"基础上，拓展为两堂课，并开展相关的宣传教育活动。各中小学校要将毒品预防主题教育纳入教学计划，确定负责毒品预防教育的骨干教师，切实安排好课堂教学，增强教育的针对性、科学性和实效性，发挥好课堂教学的主渠道作用。各级教育行政部门要积极抓好中小学生毒品预防主题教育各项措施的督促和检查，切实通过课堂教学和多种形式的宣传教育与社会实践活动，使中小学生了解毒品的危害、预防毒品的基本知识及禁毒政策与法律法规，确立"珍爱生命，拒绝毒品"的意识，掌握拒绝毒品的方法与技能，养成健康、文明的生活方式。

四、突出重点，抓好典型，充分发挥典型的示范和导向作用

根据中小学生生理、心理特点和课业安排，初中二年级是进行毒品预防教育的最佳时期。各级教育行政部门和中等学校要在普遍开展毒品预防教育的同时，把初中二年级学生作为毒品预防主题教育的重点。结合实际，采取切实有效措施，通过课堂教学、

团日活动、社会实践等多种形式,加大毒品预防教育力度,并不断探索适合于初二学生特点的教育方式和方法。各级禁毒、综治、教育行政部门和共青团组织要重点抓好若干所"中学生毒品预防教育活动示范学校",充分发挥示范学校的导向和辐射作用,以典型带动全局,并运用解剖麻雀的方法,不断探求规律特点,推动中小学生毒品预防教育工作。示范学校的日常工作以教育行政部门为主,禁毒、综治部门和共青团组织积极辅助。

五、坚持以学校教育为主,社区教育辅助,形成点、面结合的中小学生毒品预防教育格局

各级禁毒、综治、教育行政部门和共青团组织要在坚持学校课堂教育主渠道作用的同时,充分发挥社区教育的辅助作用,避免形成校外教育的盲区。要将中小学生毒品预防教育与现有的创建"无毒社区"、"社区青少年远离毒品"、"不让毒品进我家"以及创建"安全文明校园"等活动有机结合起来,并以"6·26"国际禁毒日为契机,掀起中小学生毒品预防教育高潮。

各级共青团组织和教育行政等部门要加强社区青少年法律学校建设,并以此为阵地,面向中小学生和社区闲散青少年开展形式多样的毒品预防教育活动,形成学校与社区点面结合、学校教育与社区教育互补的毒品预防教育格局。要通过组织知心家庭学校,组织中小学生家长接受禁毒教育和亲子教育,帮助家长掌握有关禁毒知识和教育子女远离毒品的方法,以此加强对中小学生的社会、家庭毒品预防教育和监督。

为更好地掌握社区青少年法律学校开展中小学生毒品预防教育的情况,国家禁毒委、中央综治办、教育部、团中央将重点联系100所社区青少年法律学校。有关工作由团中央做出部署。

六、不断积累和总结经验，推动中小学生毒品预防教育工作向纵深发展

中小学生毒品预防教育是一项关系祖国和民族未来的长期性工作。各级禁毒、综治、教育行政部门和共青团组织要本着对国家和民族高度负责的精神，扎实抓好各项工作的落实，做到年初有计划，年终有总结。要经常进行调查研究，定期开展联合检查，研究问题，解决困难，推进工作。要善于在实践中积累和总结经验，并及时将好的做法和经验上报国家禁毒委办公室、中央综治办督导室、教育部基础教育司、团中央权益部。

国家禁毒委员会将会同教育部在中小学相关教材中开展禁毒渗透教学，组织专家编写中小学生毒品预防教育教学大纲和相关教育材料，开展禁毒教育师资培训，制作印送中学生毒品预防教育挂图等，并会同中央综治办、教育部、团中央在适当时候召开全国中小学生毒品预防教育工作经验交流会，总结各地好的做法和经验，推动中小学生毒品预防教育工作向纵深发展。

国家禁毒委

中华人民共和国教育部

共青团中央

2002年12月16日

关于在社区青少年法律学校中加强毒品预防教育工作的通知

中青办联发〔2003〕5号

共青团各省、自治区、直辖市委、禁毒委员会办公室，新疆生产建设兵团团委、禁毒委员会办公室：

禁毒宣传教育是禁毒工作的基础工程和长期任务，青少年是禁毒宣传教育的重点对象。为了认真贯彻国家禁毒委、中央综治办、教育部、团中央《关于进一步加强中小学毒品预防教育工作的通知》精神，进一步加大禁毒宣传的力度，在青少年中深入开展毒品预防教育，团中央、国家禁毒办决定在社区青少年法律学校中进一步加强青少年毒品预防教育工作。

一、目的

通过在各地社区青少年法律学校中开展的青少年毒品预防教育工作，引导青少年了解禁毒知识、认清毒品危害，自觉远离毒品，增强他们防毒、拒毒的意识和能力，预防和减少青少年涉毒违法犯罪，营造有利于青少年健康成长的社会环境。

二、内容

（一）开展毒品预防知识教育

要以社区青少年法律学校为阵地，以"认识社会，拒绝诱惑，远离毒品，防范侵害"为主题，举办毒品预防教育讲座或培训班，邀请公安、卫生等相关单位的专业人员，向社区青少年介绍毒品特别是冰毒、摇头丸等新型毒品的知识和危害，宣传国家禁毒的方针政策、法律法规，向青少年普及拒毒、防毒知识，教育他们自觉远离毒品，提高青少年自我保护意识。

（二）组织毒品预防实践教育

各级团组织要充分发挥自身的组织优势和人才优势，有效利用社区内的文化、体育活动资源，举办文艺活动、体育健身活动、知识竞赛、征文和演讲比赛等活动，把社区青少年毒品预防教育内容融于社区文化之中，寓教于乐。要以社区为单位，组织青少年到戒毒所、禁毒教育基地等禁毒教育阵地参观，开展自护教育、情景训练等活动，帮助青少年提高拒绝毒品诱惑的技巧和能力，增强毒品预防教育活动的有效性。

（三）加强毒品预防宣传教育

各社区青少年法律学校要认真做好日常毒品预防宣传教育，并在每年6月26日"国际禁毒日"期间掀起高潮。要通过张贴、悬挂青少年毒品预防教育挂图、海报、宣传画，播放禁毒教育宣传视听资料，组织毒品预防教育展览等，使毒品预防宣传教育深入人心。

（四）确定毒品预防教育联系点

要联系一些重点社区，以了解和总结社区青少年禁毒教育的特点、经验。团中央社区和维护青少年权益部、国家禁毒办将重点联系100所社区青少年法律学校，并根据各联系点制定的工作计划和完成情况配备一批青少年毒品预防教育的资料和相关设备。这100所社区青少年法律学校的确定应考虑地区特点、毒情分布和工作实际，要与社区青少年活动阵地建设相结合，有工作基础，有固定的活动场所，有稳定的师资队伍，有专人负责。

三、工作要求

（一）高度重视

要站在民族兴衰、国家存亡和社会稳定的高度，充分认识搞好青少年禁毒教育的重要性和必要性，深化青少年法律学校创建活动，结合"社区青少年远离毒品"行动，切实加强社区内的青少年毒品预防教育工作。各地团组织和禁毒部门要密切配合，精心组织，积极协调社会资源的参与，不断加强社区青少年法律学校建设，巩固禁毒教育的社区基础。

（二）制定计划

各地要把在社区中开展青少年禁毒教育纳入当地的禁毒工作计划，并指导重点联系的社区青少年法律学校制定出详细的工作方案，推动禁毒教育工作的不断深化。

（三）抓好落实

要根据通知要求和社区青少年法律学校的工作方案，有侧重、分层次地认真组织好社区内青少年毒品预防教育工作，坚持从小抓，重在防范，让广大青少年充分认识到禁绝毒品是每个公民义不容辞的责任。

共青团中央办公厅
国家禁毒委办公室
二〇〇三年五月十九日

教育部关于进一步在中、小学校开展反邪教教育的通知

教社政〔2002〕3号

去年以来，在一些地方先后多次发生"法轮功"顽固分子向中、小学校学生传播"法轮功"歪理邪说和利用中、小学生进行"法轮功"宣传煽动活动的案件。事实再次证明，我们与"法轮功"邪教组织的斗争不仅是一场严肃的政治斗争，也是争夺青少年一代的斗争。

为了加大在中、小学校开展"校园拒绝邪教"活动的力度，进一步落实防范邪教毒害青少年的各项措施，防患于未然，现就有关工作问题通知如下：

一、各地教育部门和学校要高度重视与"法轮功"邪教组织的斗争，进一步认清这场斗争的长期性、尖锐性和复杂性，增强政治责任感和工作主动性。认真贯彻落实中央有关处理"法轮功"问题的方针政策，采取各种有效措施，严密防范"法轮功"顽固分子向中、小学校进行渗透破坏活动。学校是培养社会主义事业建设者和接班人的重要阵地，绝不允许"法轮功"邪教组织危害青少年学生的健康成长。一旦发生向中、小学生传播"法轮功"歪理邪说和进行"法轮功"宣传煽动活动的案件，各学校要积极配合有关部门做好深挖打击工作。

二、在教师中开展遵纪守法、崇尚科学、抵制邪教的教育活动，进一步提高广大教师对"法轮功"邪教组织本质和严重危害的认识，使广大教师在与"法轮功"邪教组织的斗争中率先垂范，

为人师表，主动宣传马克思主义唯物论和无神论，弘扬科学精神。要加强对教师队伍的管理，绝不允许任何人利用学校讲台散布"法轮功"歪理邪说。对还未转化及曾被处理过的"法轮功"人员，各学校暂不要安排其直接从事教学工作，并要安排专人做好教育转化工作，防止其继续从事"法轮功"违法犯罪活动。

三、结合基础教育课程改革，加强崇尚科学、反对邪教的教育，小学思想品德课和中学思想政治课教材要加入反邪教内容。同时，要充分发挥学校法制副校长的作用，结合法制教育和时事政策教育，以"法轮功"邪教活动作为反面教材，在学生中开展多种形式的反邪教教育，使广大中、小学生不断增强鉴别和抵制邪教的能力，树立正确的世界观、人生观和价值观。

四、根据实际情况和中、小学生不同年龄特点，进一步广泛开展"校园拒绝邪教"宣传教育活动。通过主题团日、队会、班会、法制讲座、科普竞赛、文艺演出、社团活动等多种形式，积极举办生动活泼的校园文化科技活动和校外活动，帮助广大中、小学生认识"法轮功"的邪教本质，增强遵纪守法、崇尚科学、热爱生活、珍惜生命的观念。

五、各地教育部门要在当地党委的领导下，利用与"法轮功"邪教组织斗争的典型事例和反邪教挂图、录像和光盘等音像教育资料，广泛在中、小学校进行宣传教育，进一步揭露和控诉"法轮功"邪教对社会和青少年的危害。教育部门要根据本通知精神，研究制定反邪教教育的具体方案。请将工作情况及时报告我部。

中华人民共和国教育部
2002 年 4 月 12 日

最高人民法院、最高人民检察院、公安部关于办理网络赌博犯罪案件适用法律若干问题的意见

公通字〔2010〕40号

各省、自治区、直辖市高级人民法院、人民检察院、公安厅、局，新疆维吾尔自治区高级人民法院生产建设兵团分院、新疆生产建设兵团人民检察院、公安局：

为依法惩治网络赌博犯罪活动，根据《中华人民共和国刑法》、《中华人民共和国刑事诉讼法》和《最高人民法院、最高人民检察院关于办理赌博刑事案件具体应用法律若干问题的解释》等有关规定，结合司法实践，现就办理网络赌博犯罪案件适用法律的若干问题，提出如下意见：

一、关于网上开设赌场犯罪的定罪量刑标准

利用互联网、移动通讯终端等传输赌博视频、数据，组织赌博活动，具有下列情形之一的，属于刑法第三百零三条第二款规定的"开设赌场"行为：

（一）建立赌博网站并接受投注的；

（二）建立赌博网站并提供给他人组织赌博的；

（三）为赌博网站担任代理并接受投注的；

（四）参与赌博网站利润分成的。

实施前款规定的行为，具有下列情形之一的，应当认定为刑法第三百零三条第二款规定的"情节严重"：

（一）抽头渔利数额累计达到3万元以上的；

(二) 赌资数额累计达到30万元以上的；

　　(三) 参赌人数累计达到120人以上的；

　　(四) 建立赌博网站后通过提供给他人组织赌博，违法所得数额在3万元以上的；

　　(五) 参与赌博网站利润分成，违法所得数额在3万元以上的；

　　(六) 为赌博网站招募下级代理，由下级代理接受投注的；

　　(七) 招揽未成年人参与网络赌博的；

　　(八) 其他情节严重的情形。

　　二、关于网上开设赌场共同犯罪的认定和处罚

　　明知是赌博网站，而为其提供下列服务或者帮助的，属于开设赌场罪的共同犯罪，依照刑法第三百零三条第二款的规定处罚：

　　(一) 为赌博网站提供互联网接入、服务器托管、网络存储空间、通讯传输通道、投放广告、发展会员、软件开发、技术支持等服务，收取服务费数额在2万元以上的；

　　(二) 为赌博网站提供资金支付结算服务，收取服务费数额在1万元以上或者帮助收取赌资20万元以上的；

　　(三) 为10个以上赌博网站投放与网址、赔率等信息有关的广告或者为赌博网站投放广告累计100条以上的。

　　实施前款规定的行为，数量或者数额达到前款规定标准5倍以上的，应当认定为刑法第三百零三条第二款规定的"情节严重"。

　　实施本条第一款规定的行为，具有下列情形之一的，应当认定行为人"明知"，但是有证据证明确实不知道的除外：

　　(一) 收到行政主管机关书面等方式的告知后，仍然实施上述行为的；

（二）为赌博网站提供互联网接入、服务器托管、网络存储空间、通讯传输通道、投放广告、软件开发、技术支持、资金支付结算等服务，收取服务费明显异常的；

（三）在执法人员调查时，通过销毁、修改数据、账本等方式故意规避调查或者向犯罪嫌疑人通风报信的；

（四）其他有证据证明行为人明知的。

如果有开设赌场的犯罪嫌疑人尚未到案，但是不影响对已到案共同犯罪嫌疑人、被告人的犯罪事实认定的，可以依法对已到案者定罪处罚。

三、关于网络赌博犯罪的参赌人数、赌资数额和网站代理的认定

赌博网站的会员账号数可以认定为参赌人数，如果查实一个账号多人使用或者多个账号一人使用的，应当按照实际使用的人数计算参赌人数。

赌资数额可以按照在网络上投注或者赢取的点数乘以每一点实际代表的金额认定。

对于将资金直接或间接兑换为虚拟货币、游戏道具等虚拟物品，并用其作为筹码投注的，赌资数额按照购买该虚拟物品所需资金数额或者实际支付资金数额认定。

对于开设赌场犯罪中用于接收、流转赌资的银行账户内的资金，犯罪嫌疑人、被告人不能说明合法来源的，可以认定为赌资。向该银行账户转入、转出资金的银行账户数量可以认定为参赌人数。如果查实一个账户多人使用或多个账户一人使用的，应当按照实际使用的人数计算参赌人数。

有证据证明犯罪嫌疑人在赌博网站上的账号设置有下级账号的，应当认定其为赌博网站的代理。

四、关于网络赌博犯罪案件的管辖

网络赌博犯罪案件的地域管辖，应当坚持以犯罪地管辖为主、被告人居住地管辖为辅的原则。

"犯罪地"包括赌博网站服务器所在地、网络接入地，赌博网站建立者、管理者所在地，以及赌博网站代理人、参赌人实施网络赌博行为地等。

公安机关对侦办跨区域网络赌博犯罪案件的管辖权有争议的，应本着有利于查清犯罪事实、有利于诉讼的原则，认真协商解决。经协商无法达成一致的，报共同的上级公安机关指定管辖。对即将侦查终结的跨省（自治区、直辖市）重大网络赌博案件，必要时可由公安部商最高人民法院和最高人民检察院指定管辖。

为保证及时结案，避免超期羁押，人民检察院对于公安机关提请审查逮捕、移送审查起诉的案件，人民法院对于已进入审判程序的案件，犯罪嫌疑人、被告人及其辩护人提出管辖异议或者办案单位发现没有管辖权的，受案人民检察院、人民法院经审查可以依法报请上级人民检察院、人民法院指定管辖，不再自行移送有管辖权的人民检察院、人民法院。

五、关于电子证据的收集与保全

侦查机关对于能够证明赌博犯罪案件真实情况的网站页面、上网记录、电子邮件、电子合同、电子交易记录、电子账册等电子数据，应当作为刑事证据予以提取、复制、固定。

侦查人员应当对提取、复制、固定电子数据的过程制作相关文字说明，记录案由、对象、内容以及提取、复制、固定的时间、地点、方法，电子数据的规格、类别、文件格式等，并由提取、复制、固定电子数据的制作人、电子数据的持有人签名或者盖章，附所提取、复制、固定的电子数据一并随案移送。

对于电子数据存储在境外的计算机上的，或者侦查机关从赌博网站提取电子数据时犯罪嫌疑人未到案的，或者电子数据的持有人无法签字或者拒绝签字的，应当由能够证明提取、复制、固定过程的见证人签名或者盖章，记明有关情况。必要时，可对提取、复制、固定有关电子数据的过程拍照或者录像。

最高人民法院

最高人民检察院

中华人民共和国公安部

二〇一〇年八月三十一日

校园防骗防盗等安全管理政策

关于防范和打击电信网络诈骗犯罪的通告

（《关于防范和打击电信网络诈骗犯罪的通告》是为切实保障广大人民群众合法权益，维护社会和谐稳定，就防范和打击电信网络诈骗犯罪相关事项而制定的通告。2016年09月23日，《关于防范和打击电信网络诈骗犯罪的通告》由最高人民法院、最高人民检察院、公安部、工业和信息化部、中国人民银行、中国银行业监督管理委员会六部门联合发布，自2016年09月23日起实施。）

电信网络诈骗犯罪是严重影响人民群众合法权益、破坏社会和谐稳定的社会公害，必须坚决依法严惩。为切实保障广大人民群众合法权益，维护社会和谐稳定，根据《中华人民共和国刑法》《中华人民共和国刑事诉讼法》《全国人民代表大会常务委员会关于加强网络信息保护的决定》等有关规定，现就防范和打击电信网络诈骗犯罪相关事项通告如下：

一、凡是实施电信网络诈骗犯罪的人员，必须立即停止一切违法犯罪活动。自本通告发布之日起至 2016 年 10 月 31 日，主动投案、如实供述自己罪行的，依法从轻或者减轻处罚，在此规定期限内拒不投案自首的，将依法从严惩处。

二、公安机关要主动出击，将电信网络诈骗案件依法立为刑事案件，集中侦破一批案件、打掉一批犯罪团伙、整治一批重点地区，坚决拔掉一批地域性职业电信网络诈骗犯罪"钉子"。对电信网络诈骗案件，公安机关、人民检察院、人民法院要依法快侦、快捕、快诉、快审、快判，坚决遏制电信网络诈骗犯罪发展蔓延势头。

三、电信企业（含移动转售企业，下同）要严格落实电话用户真实身份信息登记制度，确保到 2016 年 10 月底前全部电话实名率达到 96%，年底前达到 100%。未实名登记的单位和个人，应按要求对所持有的电话进行实名登记，在规定时间内未完成真实身份信息登记的，一律予以停机。电信企业在为新入网用户办理真实身份信息登记手续时，要通过采取二代身份证识别设备、联网核验等措施验证用户身份信息，并现场拍摄和留存用户照片。

四、电信企业立即开展一证多卡用户的清理，对同一用户在同一家基础电信企业或同一移动转售企业办理有效使用的电话卡达到 5 张的，该企业不得为其开办新的电话卡。电信企业和互联网企业要采取措施阻断改号软件网上发布、搜索、传播、销售渠道，严禁违法网络改号电话的运行、经营。电信企业要严格规范国际通信业务出入口局主叫号码传送，全面实施语音专线规范清理和主叫鉴权，加大网内和网间虚假主叫发现与拦截力度，立即清理规范一号通、商务总机、400 等电话业务，对违规经营的网络电话业务一律依法予以取缔，对违规经营的各级代理商责令限期整改，逾期不改的一律由相关部门吊销执照，并严肃追究民事、行政责任。移动转售企业要依法开展业务，对整治不力、屡次违规的移动转售企业，将依法坚决查处，直至取消相应资质。

五、各商业银行要抓紧完成借记卡存量清理工作，严格落实"同一客户在同一商业银行开立借记卡原则上不得超过4张"等规定。任何单位和个人不得出租、出借、出售银行账户（卡）和支付账户，构成犯罪的依法追究刑事责任。自2016年12月1日起，同一个人在同一家银行业金融机构只能开立一个Ⅰ类银行账户，在同一家非银行支付机构只能开立一个Ⅲ类支付账户。自2017年起，银行业金融机构和非银行支付机构对经设区市级及以上公安机关认定的出租、出借、出售、购买银行账户（卡）或支付账户的单位和个人及相关组织者，假冒他人身份或虚构代理关系开立银行账户（卡）或支付账户的单位和个人，5年内停止其银行账户（卡）非柜面业务、支付账户所有业务，3年内不得为其新开立账户。对经设区市级及以上公安机关认定为被不法分子用于电信网络诈骗作案的涉案账户，将对涉案账户开户人名下其他银行账户暂停非柜面业务，支付账户暂停全部业务。自2016年12月1日起，个人通过银行自助柜员机向非同名账户转账的，资金24小时后到账。

六、严禁任何单位和个人非法获取、非法出售、非法向他人提供公民个人信息。对泄露、买卖个人信息的违法犯罪行为，坚决依法打击。对互联网上发布的贩卖信息、软件、木马病毒等要及时监控、封堵、删除，对相关网站和网络账号要依法关停，构成犯罪的依法追究刑事责任。

七、电信企业、银行、支付机构和银联，要切实履行主体责任，对责任落实不到位导致被不法分子用于实施电信网络诈骗犯罪的，要依法追究责任。各级行业主管部门要落实监管责任，对监管不到位的，要严肃问责。对因重视不够，防范、打击、整治措施不落实，导致电信网络诈骗犯罪问题严重的地区、部门、国有电信企业、银行和支付机构，坚决依法实行社会治安综合治理"一票否决"，并追究相关责任人的责任。

八、各地各部门要加大宣传力度，广泛开展宣传报道，形成强大舆论声势。要运用多种媒体渠道，及时向公众发布电信网络犯罪预警提示，普及法律知识，提高公众对各类电信网络诈骗的鉴别能力和安全防范意识。

九、欢迎广大人民群众积极举报相关违法犯罪线索，对在捣毁特大犯罪窝点、打掉特大犯罪团伙中发挥重要作用的，予以重奖，并依法保护举报人的个人信息及安全。

本通告自发布之日起施行。

教育部办公厅、中国银监会办公厅关于加强校园不良网络借贷风险防范和教育引导工作的通知

教思政厅函〔2016〕15号

各省、自治区、直辖市党委教育工作部门、教育厅（教委），各银监局，新疆生产建设兵团教育局，部属各高等学校党委：

随着网络借贷的快速发展，一些P2P网络借贷平台不断向高校拓展业务，部分不良网络借贷平台采取虚假宣传的方式和降低贷款门槛、隐瞒实际资费标准等手段，诱导学生过度消费，甚至陷入"高利贷"陷阱，侵犯学生合法权益，造成不良影响。为加强对校园不良网络借贷平台的监管和整治，教育和引导学生树立正确的消费观念，现就有关事项通知如下：

一、加大不良网络借贷监管力度

建立校园不良网络借贷日常监测机制。高校宣传、财务、网络、保卫等部门和地方人民政府金融监管部门、各银监局等部门要密切关注网络借贷业务在校园内拓展情况，高校辅导员、班主任、学生骨干队伍要密切关注学生异常消费行为，及时发现学生在消费中存在的问题。地方金融办（局）要对网络借贷信息中介机构开展虚假片面宣传或促销活动、误导出借人或借款人的行为进行密切跟踪，针对网络借贷信息中介机构向不具备还款能力的大学生群体开展营销宣传活动、对借款人资格审查失职失当等行为加强监管和风险提示。建立校园不良网络借贷实时预警机制。及时发现校园不良网络借贷苗头性、倾向性、普遍性问题，及时

分析评估校园不良网络借贷潜在的风险，及时以电话、短信、网络、橱窗、校园广播等多种形式向学生发布预警提示信息。建立校园不良网络借贷应对处置机制。制定完善各项应对处置预案，对侵犯学生合法权益、存在安全风险隐患、未经学校批准在校园内宣传推广信贷业务的不良网络借贷平台和个人，第一时间报请地方人民政府金融监管部门、各银监局、公安、网信、工信等部门依法处置。

二、加大学生消费观教育力度

教育引导学生树立文明的消费观。加强社会主义核心价值观学习教育，深入开展"三爱""三节"等主题教育活动，培养选树勤俭节约、自立自强方面的先进典型，营造崇尚节约的校园文化环境，帮助学生养成文明、健康的消费习惯。教育引导学生树立理性的消费观。关心关注学生消费心理，纠正学生超前消费、过度消费和从众消费等错误观念。在生活消费、人际消费、娱乐消费等方面，教育学生不盲从、不攀比、不炫耀，引导学生合理消费、理性消费、适度消费。教育引导学生树立科学的消费观。帮助学生科学制定消费计划，结合实际，量入为出。加强与家长的沟通与联系，合理支持、适当控制学生的消费支出。鼓励学生利用业余时间开展勤工俭学，通过诚实合法劳动创造财富，培养节俭自立意识。

三、加大金融、网络安全知识普及力度

大力普及金融、网络安全知识。通过开设金融学、网络安全学等相关公共基础课或选修课，邀请金融机构、监管机构、网信安全等部门专业人员在校内开展金融、网络安全知识普及教育，帮助学生了解金融行业发展前沿动态，掌握逾期滞纳金、违约金、单利与复利等基本金融常识。切实增强学生金融、网络安全防范意识。利用校园网站、微信平台、校园广播等多种渠道向学生推送校园不良网络借贷典型案例。在重要节庆日、购物狂欢日等时间节点，开展金融、网络安全宣讲活动，强化学生对网络借贷风险的理解和认识，帮助学生增强金融、网络安全防范意识。帮助学生提升金融理财实践能力。加强与银监、公安等政府部门和银行、证券等金融机构的合作，积极开展调查研究、志愿服务等社会实践活动，帮助学生增强对有害网络借贷业务甄别、抵制能力。鼓励和支持金融理财类学生社团建设，举办模拟投资大赛等活动，提高学生金融理财实践能力。

四、加大学生资助信贷体系建设力度

加强对学生资助工作的科学管理和制度支撑，切实提高学生资助工作水平，保障国家各项资助政策落到实处，满足家庭经济困难学生学费、生活费等保障性需求。充分挖掘校内外资源，筹集专项基金，作为国家资助政策体系的有益补充，建立健全既有共性需求、又能体现个体差异的资助模式，满足学生拓展学习、创新创业等发展性需求。与金融机构合作，积极探索建设和发展校园社区银行，为学生提供渠道畅通、手续便捷、利率合理的金融借贷服务，满足学生临时性需求。

各地各高校要按照通知要求，加强组织领导，抓好工作统筹，做好本地本校工作分层对接和具体落实，及时将工作中发现的问题和相关经验做法报送教育部、中国银监会。

教育部办公厅
中国银行业监督管理委员会办公厅
2016年4月13日

关于启动网络游戏防沉迷
实名验证工作的通知

新出联〔2011〕10号

各省（自治区、直辖市）新闻出版局、文明办、教育厅（教委）、公安厅（局）、通信管理局、团委、妇联、关心下一代工作委员会，各网络游戏运营企业：

2007年4月，新闻出版总署、中央文明办、教育部、公安部、信息产业部、共青团中央、中华全国妇女联合会、中国关心下一代工作委员会等八部委联合发出《关于保护未成年人身心健康 实施网络游戏防沉迷系统的通知》（以下简称："防沉迷通知"）。自"防沉迷通知"发出以来，在有关部门、社会各界及全国网络游戏运营企业的共同努力下，网络游戏防沉迷系统实施工作取得了显著成效，网络游戏运营企业保护未成年人身心健康的责任意识明显增强，各项保障措施逐步到位；网络游戏审批管理已将防沉迷系统的设置作为前置审批的必要条件，有力地促进了防沉迷措施在全行业的贯彻落实；网络游戏防沉迷系统的独立监测机制不断完善，增强了对运营企业网络游戏防沉迷系统实施情况的有效监督和对违规行为的及时查处力度；未成年人使用网络游戏的时间得到一定控制，沉迷网络游戏的状况有了明显改善。

为进一步落实"防沉迷通知"要求，切实保护未成年人身心健康，推动网络游戏防沉迷系统实施工作取得更大成效，实施防沉迷实名验证是至关重要的一环，也是十分必要的，有利于防止未成年人盗用或者使用虚假成年人身份信息，规避网络游戏防沉迷系统的限制。经批准，公安部所属全国公民身份证号码查询服务中心（以下简称："身份查询中心"）承担全国网络游戏防沉迷实名验证工作。经与网络游戏运营企业充分协商，广泛征求意见，制定了《网络游戏防沉迷实名验证流程》，并完成了网络游戏防沉迷实名验证系统软件开发工作。目前，实施网络游戏防沉迷实名验证条件已经成熟，各项准备工作基本到位，经研究，决定在全国范围内启动网络游戏防沉迷实名验证工作。现将有关要求通知如下：

一、高度重视网络游戏防沉迷实名验证工作。全国各有关部门、相关机构、网络游戏运营企业，应将实施网络游戏防沉迷实名验证工作作为切实履行保护未成年人身心健康的社会责任的一项重要任务，抓紧抓好所有在线使用的网络游戏（不含手机网络游戏）的防沉迷实名验证工作。

二、"身份查询中心"承担全国网络游戏防沉迷实名验证工作。为保障验证工作合规有序进行，"身份查询中心"应向网络游戏运营企业说明实名验证具体工作要求，按《网络游戏防沉迷实名验证流程》及时有效地验证网络游戏运营企业报送的身份信息，并反馈验证结果。

三、网络游戏运营企业要按规定要求，全力做好网络游戏防沉迷实名验证的各项相关工作。首先，要认真做好本企业应承担的网络游戏用户注册信息识别等工作；其次，按流程及时报送需验证的用户身份信息；再次，严格将经实名验证证明是提供了虚假身份信息的用户纳入网络游戏防沉迷系统。

四、进一步加强对运营企业网络游戏防沉迷系统实施情况的监测。除对运营企业按网络游戏防沉迷系统标准开发和实施网络游戏防沉迷系统进行监督检测外，还要密切跟踪实名验证等实施工作情况，提高检测频率和质量。所有网络游戏运营企业必须严格按照

《网络游戏防沉迷系统开发标准》和《网络游戏防沉迷系统实名认证方案》进行开发部署，不得随意更改实施方式，扩大或缩小系统功能权限等，违者，将按照有关法律法规予以查处，并停止其网络游戏出版运营和相关互联网接入服务，直至取消其相关许可。

　　五、明确分工，加强协作，积极推进实名验证等网络游戏防沉迷系统实施工作。新闻出版行政部门负责协调网络游戏防沉迷系统实施工作；把好网络游戏审批关，坚持将网络游戏防沉迷系统的设置作为前置审批的必要条件；继续开展网络游戏防沉迷系统监测，特别是督促运营企业切实抓好实名验证工作，对存在不达标问题的网络游戏运营企业进行查处。文明办要把实名验证等网络游戏防沉迷系统实施工作纳入净化社会文化环境工作之中，积极协调有关新闻单位做好宣传引导工作。公安部门负责对"身份查询中心"进行督促指导，要求"身份查询中心"增强责任感，精心安排，依法依规、保质保量开展实名验证工作。通信管理部门要协助有关部门做好相关网站的管理工作。教育、团委、妇联、关心下一代工作委员会等部门要加大网络游戏防沉迷系统宣传力度，要继续发挥"五老"网吧义务监督员的作用，配合做好实名验证等网络游戏防沉迷系统实施工作，积极引导教育未成年人科学使用网络游戏，养成文明健康的上网习惯。

　　自本通知下发之日起启动网络游戏防沉迷实名验证工作，2011年9月30日前为试行期，2011年10月1日起正式实施。

新闻出版总署 中央文明办 教育部
公安部 工业和信息化部 共青团中央
中华全国妇女联合会 中国关心下一代工作委员会
二○一一年七月一日

关于深入开展网络游戏防沉迷实名验证工作的通知

新广出办发〔2014〕72号

各省、自治区、直辖市新闻出版广电局，新疆生产建设兵团新闻出版广电局，解放军总政治部宣传部新闻出版局，各互联网出版机构、网络游戏运营企业：

为保护未成年人身心健康，新闻出版总署、中央文明办、教育部、公安部、工业和信息化部（原信息产业部）、共青团中央、中华全国妇女联合会、中国关心下一代工作委员会等八部委于2007年4月、2011年7月先后联合下发《关于保护未成年人身心健康实施网络游戏防沉迷系统的通知》、《关于启动网络游戏防沉迷实名验证工作的通知》（以下简称"两个《通知》"）。自两个《通知》发出以来，在有关部门、社会各界、互联网出版机构、网络游戏运营企业的共同努力下，网络游戏防沉迷系统实施工作取得了阶段性成果，网络游戏企业保护未成年人身心健康的社会责任意识显著增强，未成年人的网络游戏消费理念得到普遍优化、不良网络游戏习惯得到明显改变。

为巩固网络游戏防沉迷系统实施工作，健全长效机制，更好地保护未成年人身心健康，适应网络游戏产业发展新情况新变化，国家新闻出版广电总局研究决定，切实采取有效措施，进一步激发出版行政主管部门、互联网出版机构、网络游戏运营企业保护未成年人合法权益的自觉性、主动性、积极性，深入开展网络游戏防沉迷实名验证工作。现将有关事项通知如下：

一、工作要求

全国各级出版行政主管部门、互联网出版机构及网络游戏运营企业，要进一步增强保护未成年人身心健康的社会责任感，深入落实两个《通知》关于网络游戏防沉迷实名验证工作要求，把网络游戏防沉迷系统实施工作作为一项长期任务，常抓不懈。

二、适用范围

网络游戏防沉迷系统实施工作适用于除移动网络游戏之外的所有网络游戏。受硬件及技术等因素限制，网络游戏防沉迷系统实施工作暂不适用于移动网络游戏。

三、监管措施

（一）各级出版行政主管部门要将网络游戏防沉迷实名验证工作水平作为有关出版机构能否从事游戏出版业务的重要指标，深入调研实际情况，加强管理与督导，提升出版者责任意识及其对相关网络游戏运营企业的协调能力，把本行政区域网络游戏防沉迷系统实施工作落实到位。

（二）各级出版行政主管部门受理网络游戏出版申请时，须要求申报单位所申报出版网络游戏的运营企业完备网络游戏防沉迷实名验证手续，并提供全国公民身份证号码查询服务中心出具的证明文件；否则，不予受理。

（三）各级出版行政主管部门扶持深入开展网络游戏防沉迷实名验证工作的互联网出版机构、网络游戏运营企业发展，优先推荐其参与国家、地方组织的出版项目，参加相关评优、评奖等活动。

四、实行通报制度

国家新闻出版广电总局数字出版司将在每季度初向社会发布

互联网出版机构、网络游戏运营企业上一季度防沉迷实名验证数据，接受社会各界监督，听取社会各界意见。

本通知自 2014 年 10 月 1 日起实施。

国家新闻出版广电总局办公厅

2014 年 7 月 25 日

国务院食品安全办等6部门关于进一步加强学校校园及周边食品安全工作的意见

食安办〔2016〕12号

各省、自治区、直辖市食品安全办、综治办、教育厅（委）、公安厅（局）、住房和城乡建设厅（城管局、市政委）、食品药品监督管理局，新疆生产建设兵团食品安全办、综治办、教育局、公安局、建设局、食品药品监督管理局：

　　青少年饮食安全，直接关系祖国下一代的健康成长，关系亿万家庭的幸福、社会的稳定。党中央、国务院高度重视学校（含托幼机构）校园食品安全工作，各有关部门积极开展学校校园及周边食品安全专项整治工作，推动了学校校园及周边食品安全水平的不断提升，但影响食品安全的因素依然存在。近期，学校校园及周边食品安全事件频发，社会广泛关注。为加大工作力度，形成监管合力，进一步提高学校校园及周边食品安全水平，现提出如下意见。

　　一、工作目标

　　认真贯彻《中华人民共和国食品安全法》和"四个最严"的要求，加强学校校园及周边食品安全综合治理，推动学校校园及周边食品安全管理制度进一步健全，食品安全主体责任进一步落实，食品安全监督管理工作进一步加强，学生的食品安全意识进一步提高，学校校园及周边食品安全状况明显改善。

　　二、工作重点

　　（一）完善管理制度。地方各级食品安全办、综治组织要进一步推动各有关部门明确监管职责，落实监管责任。各有关部门要按照《中华人民共和国食品安全法》等法律法规，进一步完善加强学校校园及周边食品安全管理的工作制度和机制，按照本意见的要求，制定具体的工作措施，不断强化学校校园及周边食品安全监管。教育部、食品药品监管总局要加快修订出台学校集中用餐食品安全管理规定。

（二）落实食品安全主体责任。学校要落实校园食品安全管理的主体责任，实行食品安全校长负责制，将校园食品安全作为学校安全的重要内容，每学期进行专题研究。建立健全校园食品安全管理制度，明确食品安全管理人员和每个岗位的安全职责，层层签订食品安全责任书。加强学校食堂管理，强化从业人员培训，严格管控原料采购、加工制作、清洗消毒和用水卫生等关键环节，定期开展食品安全自查。采用集体用餐配送单位供餐的，要把食品安全作为遴选供餐单位的重要标准，与供餐单位签订食品安全责任书。

学生集体用餐配送单位要落实食品安全主体责任，健全食品安全管理制度和机构，配备专职食品安全管理人员，强化从业人员培训，严格落实原料采购、加工制作、清洗消毒、成品分装和配送运输等关键环节的控制要求，定期开展食品安全自查，确保供餐食品安全。

校园周边食品经营者要持证经营，依法落实食品安全主体责任，健全并落实食品安全管理制度，严格把控食品采购关口，严格规范加工制作行为，定期开展食品安全自查。校园周边家庭托餐经营者要经基层食品药品监管部门许可或备案、登记后方可经营，经营过程中应落实食品安全主体责任，严格执行原料采购和加工制作要求，定期开展食品安全自查。

（三）加强食品安全教育。学校要将食品安全、营养和节约食物纳入健康教育内容。每学期组织开展食品安全专题教育，并将食品安全与主题班会、课外实践等活动紧密结合，开展经常性教育活动。通过宣传栏、宣传册等，定期向学生传递食品安全、营养等信息，推动学生形成健康的饮食习惯，拒绝食用高油、高盐、高糖食品。教育行政部门要督促学校开展食品安全教育。

地方各级食品药品监管部门要加大对校园周边食品经营者的食品安全宣传教育，督促经营者强化从业人员食品安全培训和职业道德教育，拒绝经营来源不明、标识不清、超过保质期限、感观性状异常等食品及长期食用不利于学生身体健康的食品，对社会和公众负责，承担社会责任。

（四）加强食品安全监管。地方各级食品药品监管部门要依法依规对学生食堂、学生集体用餐配送单位、校园周边小食品商店、小餐饮、家庭托餐等进行许可或备案、登记，将学校校园及周边食品经营者全部纳入监督管理范围，实行监管全覆盖。将学校校园及周边地区作为日常检查、随机抽查和飞行检查等重点地区和单位，进一步强化监督检查和食品抽检。每年春秋季开学后对学生食堂、学生集体用餐配送单位和校园周边食品经营者开展专项检查。对学生食堂和校园周边餐饮服务提供者，重点检查原料采购、加工制作、清洗消毒、用水卫生等是否符合规定。对学生集体用餐配送单位，除重点检查上述项目外，还应检查成品的运输温度和时间等是否符合规定。对校园周边食品销售者，重点检查食品的感官性状、标签标识、贮存条件等是否符合规定。倡导学生食堂、学生集体用餐配送单位推行食品安全责任保险制度。

地方各级城市管理执法部门要综合运用数字城管等手段和方式，提高对学生上学、放学重点时段的食品安全违法行为的快速发现、快速处置能力，严查校园周边食品无证摊贩。

地方各级教育行政部门要进一步加强对学校食品安全的日常管

理,督促学校落实食品安全校长负责制,与行政区域内学校签订食品安全责任书,将食品安全列为年度考核的关键指标。基层教育行政部门要每学期组织开展学校食品安全检查和交叉互查,通报检查结果,对检查中发现的食品安全问题及时督促整改,防控食品安全风险。

(五)加强综合治理。各级食品安全办、综治组织要将学校校园及周边食品安全作为重要工作内容,纳入社会治安重点地区和突出治安问题排查整治范围,加大组织协调力度,会同各有关部门加强分析研判,进行明察暗访,开展排查整治,强化督导考评,深入推进学校校园及周边食品安全的综合治理。

地方各级食品安全委员会要将学校校园及周边食品安全作为重要内容,纳入议事日程,每年至少进行一次专题研究。省级食品安全办要会同有关部门进行认真研究,把学校校园及周边食品安全,确定为年度食品安全重点工作。地方各级食品安全办、综治组织要组织各有关部门在每学期开学后一个月内对学校校园及周边食品安全进行联合检查。

(六)严厉打击食品安全违法行为。地方各级食品药品监管部门要严厉查处学校校园及周边食品经营者无证经营、售卖和使用来源不明、"三无"(无厂名、无厂址、无生产日期)、无中文标识、超过保质期限、腐败变质等感官性状异常的食品及常温存放冷藏冷冻食品等违法行为。

地方各级食品药品监管、城市管理执法、公安部门要密切部门配合,按照国家食品药品监督管理总局、公安部、最高人民法院、最高人民检察院和国务院食品安全办联合出台的《食品药品行政执法与刑事司法衔接工作办法》规定,健全食品安全行政执法与刑事司法衔接工作机制,加大对学校校园及周边食品安全违法犯罪行为打击力度,切实维护学生的食品安全和身体健康。

三、工作要求

（一）加强组织领导。各有关部门要在党委、政府领导下，将加强学校校园及周边食品安全工作作为全面推进平安中国建设的重要内容，组织成立专门领导小组，制定具体实施方案，细化工作目标，明确工作要求。要落实属地管理责任，一级抓一级，层层抓落实，切实做好各项工作。

（二）加强工作统筹。各级食品安全办、综治组织要进一步完善统筹协调工作机制，加强学校校园及周边食品安全信息通报、定期会商和联查联动工作，推动落实各方责任，形成各负其责、齐抓共管的工作局面。

（三）加强考核督导。各级食品安全办要把学校校园及周边食品安全纳入食品安全年度考核指标和创建食品安全城市的重要内容。各级综治组织和教育行政部门要把学校校园及周边食品安全作为"'平安学校创建'和校园及周边治安综合治理工作"的重要考核指标。各级综治组织要对学校校园及周边食品安全问题突出的地区和单位，根据《中共中央办公厅、国务院办公厅关于印发〈健全落实社会治安综合治理领导责任制规定〉的通知》要求，通过通报、约谈、挂牌督办、一票否决等方式进行综治领导责任督导和追究。

（四）加强社会监督。要畅通投诉渠道，认真听取学生家长对学校校园及周边食品安全的意见、建议，充分发挥媒体、群众的监督作用，及时核查处置媒体和群众反映的学校校园及周边的食品安全问题。

国务院食品安全办　中央综治办
教育部　公安部
住房城乡建设部　食品药品监管总局
2016年6月16日

关于建立中小学校舍安全保障长效机制的意见

国务院办公厅转发教育部等部门关于建立中小学校舍安全保障长效机制意见的通知

国办发〔2013〕103号

各省、自治区、直辖市人民政府，国务院各部委、各直属机构：

教育部、发展改革委、公安部、监察部、财政部、国土资源部、住房城乡建设部、水利部、审计署、安全监管总局、地震局、气象局《关于建立中小学校舍安全保障长效机制的意见》已经国务院同意，现转发给你们，请认真贯彻执行。

国务院办公厅

2013年11月7日

关于建立中小学校舍安全保障长效机制的意见

教育部　发展改革委　公安部　监察部
财政部　国土资源部　住房城乡建设部　水利部
审计署　安全监管总局　地震局　气象局

为贯彻落实《中华人民共和国防震减灾法》和《国家中长期教育改革和发展规划纲要（2010—2020年）》，进一步提高全国中小学校舍防震减灾能力，实现城乡中小学校舍安全达标，现就建立中小学校舍安全保障长效机制（以下简称长效机制）提出如下意见。

一、充分认识建立长效机制的重要意义

校舍安全直接关系师生生命安全，社会关注度高、影响面广。党中央、国务院历来高度重视校舍安全工作，新世纪以来，先后部署实施了一系列校舍建设工程，建立了农村义务教育中小学校舍维修改造长效机制，特别是从2009年起，部署实施了全国中小学校舍安全工程，在各级各类城乡中小学开展校舍抗震加固和提高综合防灾能力建设，校舍安全隐患大幅减少，安全状况进一步改善。但我国中小学的学生规模大、农村学校多、基础条件差，保障校舍安全是一项长期的艰巨任务。建立长效机制，为提高中小学校舍安全管理水平和防灾减灾能力提供制度保障，是坚持以人为本、落实国家防灾减灾总体部署的必然要求，是坚持教育优先发展、办好人民满意教育的重要内容。各地区、各有关部门要统一思想，提高认识，按照国务院决策部署，切实把保障校舍安全的各项任务落实到位。

二、覆盖范围和总体要求

（一）覆盖范围。全国城镇和农村、公立和民办、教育系统和非教育系统的所有中小学（含幼儿园）。

（二）总体要求。明确和落实各级政府及其相关部门责任，综合考虑城镇化发展、人口变化等因素，紧密结合教育事业发展、防灾减灾、校园建设等规划和各类教育建设专项工程，统筹实施校舍安全保障长效机制。坚持建管并重，通过维修、加固、重建、改扩建等多种形式，逐步使所有校舍满足国家规定的建设标准、重点设防类抗震设防标准和国家综合防灾要求，同时加强对校舍的日常管理和定期维护。加强对中小学校舍规划布局、安全排查、施工建设、使用维护、信息公告、责任追究等各环节的管理，建立健全符合国情的中小学校舍安全保障制度体系。

三、长效机制的主要内容

（一）建立校舍安全年检制度。对城乡各级各类中小学现有校舍每半年要组织一次安全隐患排查。经排查后需要鉴定的，由当地教育行政部门委托有资质的专业机构及时进行相关鉴定。对未达到重点设防类抗震设防标准或达到设计使用年限仍需继续使用的校舍，每年进行一次鉴定；达到重点设防类抗震设防标准的，每5年进行一次鉴定。校舍排查鉴定结果要及时录入中小学校舍信息管理系统以便查询。

（二）完善校舍安全预警机制。地方各级政府要将校舍安全纳入当地防灾减灾总体规划，对本行政区域内中小学校舍灾害风险进行综合评估，指导学校编制相应的应急预案，并组织师生开展应急演练。地方各级教育、公安、国土资源、水利、地震、气象等部门要建立联动机制，及时向学校发出灾害预警信息，妥善做好师生应急避险和转移安置；对存在重大安全隐患、影响安全使用的校舍，要及时发布安全预警。

（三）建立校舍安全信息通报公告制度。教育部会同统计局、住房城乡建设部、发展改革委、财政部、国土资源部、公安部等部门对全国中小学校舍信息数据进行统计分析，向各省级政府通报可能存在安全隐患的校舍信息，并每年定期向社会发布全国中小学校舍安全信息公告。地方各级政府也要建立相应的信息通报和公告制度。

（四）完善校舍安全隐患排除机制。对经鉴定存在安全隐患、影响安全使用的校舍要及时排除隐患，由省级政府综合考虑行政区域内各市、县面临自然灾害的危险程度以及校舍状况等因素，区分轻重缓急制定相应的年度实施计划；县级政府结合本地实际，分类分步组织实施。优先考虑将部分有条件的中小学建成应急避难场所。

（五）严格校舍安全项目管理制度。中小学校舍维修、加固、重建、改扩建项目，必须严格执行项目法人责任制、招投标制、工程监理制、合同管理制。项目勘察、设计、施工和工程监理单位必须具有相应资质，严格执行国家质量安全有关法律法规和工程建设强制性标准。项目竣工后，应由建设单位按规定组织勘察、设计、施工、监理等单位及项目学校进行竣工验收并备案。位于洪泛区、蓄滞洪区、山区高原等地质灾害易发区的学校，其防险自保设施应通过水利、国土资源等主管部门验收合格，否则不得交付使用。

（六）健全校舍安全责任追究制度。对发生因校舍倒塌或其他因防范不力造成安全事故导致师生伤亡的地区，要依法追究当地政府主要负责人责任。如因校舍选址不当或建筑质量问题导致垮塌的，评估鉴定、勘察设计、施工监理等单位负责人要依法承担责任。对挤占、挪用、克扣、截留、套取长效机制专项资金、违规乱收费或玩忽职守影响校舍安全的，要依法追究相关负责人的责任。

四、工作要求和保障措施

（一）加强组织领导。地方政府是保障中小学校舍安全的责任主体，主要负责人要亲自抓、负总责，分管负责人具体负责。建立长效机制由省级政府统筹组织、市级政府协调指导、县级政府组织实施。教育、发展改革、公安、监察、财政、国土资源、住房城乡建设、水利、审计、安全监管、地震、气象等部门要各司其职，加强协调，密切配合。

（二）合理分担资金投入。各级政府要将保障中小学校舍安全资金纳入财政预算，统筹各类校舍建设项目，加大对经济落后地区的支持力度。保障农村义务教育阶段中小学校舍安全资金由中央和地方共同承担。省级政府负责统筹落实地方资金，制定省、市、县三级政府具体分担办法。中央财政通过农村中小学校舍维修改造长效机制，重点支持中西部地区农村义务教育阶段学校，对东部地区给予适当奖补。其他教育阶段保障校舍安全资金由地方及其他渠道安排。民办、外资和企（事）业办中小学所需资金由投资方和本单位负责落实，当地政府给予支持指导并监管。建立长效机制的资金实行分账核算，专款专用，资金支付按照财政国库管理制度有关规定执行。

（三）落实扶持鼓励政策。校舍建设项目涉及的行政事业性收费和政府性基金，应予以免收；涉及的经营服务性收费，在服务双方协商基础上可适当予以减收或免收。鼓励社会各界捐资捐物支持中小学校舍建设。企业通过公益性社会团体或者县级以上政府及其部门对中小学校舍建设的捐赠支出，按照相关税收政策规定予以税前扣除。

（四）提高管理信息化水平。中小学校舍信息管理系统是提高校舍安全管理水平的重要保障和技术支撑，各地要及时更新数据，加强维护，完善功能，充分发挥信息管理系统在年检、预警、信息发布、隐患排除、责任追究等方面的作用，切实提高校舍安全管理科学化、精细化水平。

（五）加强监督检查。中小学校舍安全工作实行国家重点督查、省市定期巡查、县级经常自查的监督检查机制。地方政府要把中小学校舍安全工作作为教育督导的重要内容，每年向同级人大、政协报告、通报工作情况，接受法律监督和民主监督。设置监督举报电话和公众意见箱，广泛接受社会监督。

（六）加大安全教育和宣传力度。各级各类学校要严格落实国家教学计划规定的安全教育时间和课程，对学生开展防灾和安全教育，向师生普及安全知识。要培养师生良好的安全行为习惯，掌握应急避险技能，提高师生防灾安全意识和自救互救能力。要采取多种形式向全社会宣传中小学校舍安全保障政策，认真总结、宣传推广典型经验，努力营造全社会支持、监督和推进中小学校舍安全工作的良好氛围。

教育部办公厅关于进一步加强高等学校实验室危险化学品安全管理工作的通知

教技厅〔2013〕1号

各省、自治区、直辖市教育厅（教委），有关部门（单位）教育司（局），部属各高等学校：

高等学校实验室危险化学品安全管理工作直接关系到广大师生的身体健康和生命安全。最近，复旦大学校园投毒事件和南京理工大学实验室爆炸事件再次敲响了警钟。为认真贯彻《危险化学品安全管理条例》（国务院令第591号）和《高等学校实验室工作规程》（国家教委令第20号）有关规定，坚决防止此类事故的发生，现将有关要求重申如下：

一、高度重视实验室危险化学品管理工作。各地、各部门和各校应及时了解和掌握所属学校和本校实验室危险化学品的种类和使用、管理等具体情况，严格按照国家相关规定，进一步加大监管力度，切实落实各项管理要求，对涉及实验室危险化学品管理的重点部位和薄弱环节进行重点排查，堵塞漏洞，排除隐患，确保安全，并要有针对性地建立事故应急预案。

二、进一步严格管理实验室危险化学品。健全实验室危险化学品管理制度，制定并完善实验室危险化学品保管、使用、处置等各个环节的规章制度。严格分库、分类存放，严禁混放、混装，做到规范操作、相互监督。要建立购置管理的规范，对使用情况和存量情况进行检查监督，使各类危险化学品在整个使用周期中处于受控状态，建立从请购、领用、使用、回收、销毁的全过程的记录和控制制度，确保物品台账与使用登记账、库存物资之间的账账相符、账实相符。

三、进一步明确实验室危险化学品的安全管理责任。危险化学品管理必须做到"四无一保"，即无被盗、无事故、无丢失、无违章、保安全。对于危险化学品中的毒害品，要参照对剧毒化学品的管理要求，落实"五双"即"双人保管、双人领取、双人使用、双把锁、双本帐"的管理制度。将实验室危险化学品安全管理纳入工作业绩考核，确保实验室安全责任层层落实到位。

四、进一步加大对废弃实验室处理的审批、监管力度。对于搬迁或废弃的实验室，要彻底清查废弃实验室存在的易燃易爆等危险品，严格按照国家相关要求及时处理，消除各种安全隐患。在确认实验室不存在危险品之后，各地、各部门和各校按照相关实验室废弃程序，选择具有资质的施工单位对废弃实验室进行拆迁施工。

五、进一步做好宣传教育工作。组织开展对师生的安全教育与培训，增强学生的安全意识和自我防范能力，确保相关人员全面掌握实验技术规范、操作规程和安全防护知识。

教育部办公厅
2013 年 5 月 10 日

教育部办公厅关于加强高等学校动物实验安全管理工作的通知

教高厅〔2011〕1号

各省、自治区、直辖市教育厅（教委），新疆生产建设兵团教育局，部属各高等学校：

高等学校动物实验安全管理工作直接关系到广大师生的身体健康和生命安全。最近，东北农业大学布鲁氏菌病感染事件再次敲响了警钟。为汲取这起重大教学责任事故的沉痛教训，坚决防止此类事故的发生，现就加强高等学校动物实验安全管理工作通知如下：

一、各地教育部门和高等学校要高度重视动物实验安全管理工作，切实加大各级管理部门的监管力度，组织开展动物实验安全专项检查，特别是对动物实验安全的重点部位和薄弱环节进行重点监管，堵塞漏洞，排除隐患，确保安全。

二、高等学校要按照国家各项动物实验安全规定，健全动物实验安全管理制度，制定并完善动物实验安全防范措施和事故应急预案。要配齐配好动物实验相关条件设施，保证必要的工作经费。

三、高等学校要强化动物实验安全教育，定期组织教师参加相关培训和考核，确保相关人员全面掌握动物实验技术规范、操作规程和安全防护知识。要对进行动物实验的学生进行相关的安全教育，增强学生的安全意识和自我防范能力。

四、要加强对实验动物的采购、运输、实验和回收处置等过程的规范管理,严格做好实验动物的安全检疫工作。要确保严格按照操作规程进行实验操作,对实验教学人员和学生要采取必要的安全防护措施。

五、各地教育部门和高等学校要进一步明确动物实验安全管理责任,纳入工作考核,确保实验室安全责任层层落实到位,全面做好实验室安全管理工作。

教育部办公厅

二〇一一年十月十八日

教育部、公安部关于加强中小学幼儿园消防安全管理工作的意见

教督〔2015〕4号

各省、自治区、直辖市教育厅（教委）、公安厅（局），新疆生产建设兵团教育局、公安局：

为进一步加强中小学幼儿园（以下统称学校）消防安全管理工作，全面落实各项消防安全措施，切实保障广大师生生命安全，现提出以下意见：

一、落实消防安全责任。学校应当依法建立并落实逐级消防安全责任制，明确各级、各岗位的消防安全职责。学校法定代表人或主要负责人对本单位消防安全工作负总责。属于消防安全重点单位的学校应当确定一名消防安全工作"明白人"为消防安全管理人，负责组织实施日常消防安全管理工作，主要履行制定落实年度消防工作计划和消防安全制度，组织开展防火巡查和检查、火灾隐患整改、消防安全宣传教育培训、灭火和应急疏散演练等职责。学校应当明确消防工作管理部门，配备专（兼）职消防管理人员，建立志愿消防队，具体实施消防安全工作。教育行政部门要依法履行对学校消防安全工作的管理职责，检查、指导和监督学校开展消防安全工作，督促学校建立健全消防安全责任制和消防安全管理制度。公安消防部门依法履行对学校消防安全工作的监督管理职责，加强消防监督检查，指导和监督学校做好消防安全工作。

二、开展防火检查。学校消防安全责任人或消防安全管理人员应当每月至少组织开展一次校园防火检查,并在开学、放假和重要节庆等活动期间开展有针对性的防火检查,对发现的消防安全问题,应当及时整改。重点检查以下内容:一是消防安全制度落实情况;二是日常防火检查工作落实情况;三是教职员工消防知识掌握情况;四是消防安全重点部位的管理情况;五是消防设施、器材完好有效情况;六是厨房烟道等定期清洗情况;七是电气线路、燃气管道定期检查情况;八是消防设施维护保养情况;九是火灾隐患整改和防范措施落实情况;十是消防安全宣传教育情况。防火检查应当填写检查记录,检查人员和被检查部门负责人应当在检查记录上签名,检查记录纳入校舍消防安全档案管理。

三、开展防火巡查。学校应当每日组织开展防火巡查,加强夜间巡查,并明确巡查人员、部位。食堂、体育场馆、会堂等场所在使用期间应当至少每两小时巡查一次,对巡查中发现的问题要当场处理,不能处理的要及时上报,落实整改和防范措施,并做好记录。重点巡查以下内容:一是用火、用电、用气有无违章情况;二是安全出口、疏散通道是否畅通,疏散通道及重点部位锁门处在应急疏散时能否及时打开,安全疏散指示标志、应急照明是否完好;三是消防设施、器材和消防安全标志是否在位、完整;四是常闭式防火门是否处于关闭状态、防火卷帘下是否堆放物品影响使用;五是学生宿舍、食堂、图书馆、实验室、计算机房、变配电室、体育场馆、会堂、教学实验、易燃易爆危险品库房等消防安全重点部位管理或值班人员是否在岗在位。

四、加强消防设施器材配备和管理。学校应当按照国家、行业标准配置消防设施、器材，并依照规定进行维护保养和检测，确保完好有效。设有自动消防设施的，可以委托具有相应资质的消防技术服务机构进行维护保养，每月出具维保记录，每年至少全面检测一次。

五、规范消防安全标识。学校应当规范设置消防安全标志、标识。消防设施、器材应当设置规范、醒目的标识，并用文字或图例标明操作使用方法；疏散通道、安全出口和消防安全重点部位等处应当设置消防警示、提示标识；主要消防设施设备上应当张贴记载维护保养、检测情况的卡片或者记录。

六、开展消防安全教育培训。学校应当每年至少对教职员工开展一次全员消防安全培训，教职员工新上岗、转岗前应当经过岗前消防安全培训。所有教职员工应当懂得本单位、本岗位火灾危险性和防火措施，会报警、会扑救初起火灾、会组织疏散逃生自救。学校应当将消防安全知识纳入学生课堂教学内容，确定熟悉消防安全知识的教师进行授课，并选聘消防专业人员担任学校的兼职消防辅导员。幼儿园应当采取寓教于乐的方式对儿童进行消防安全常识教育。中小学校要保证一定课时对学生开展消防安全教育，并针对各学龄阶段特点，确定不同的消防安全教育的形式和内容。

七、开展消防演练。学校应当制定本单位灭火和应急疏散预案，明确每班次、各岗位人员及其报警、疏散、扑救初起火灾的职责，并每半年至少演练一次。举办重要节庆、文体等活动时，应制定有针对性的灭火和应急疏散预案。幼儿园和小学的演练应当落实疏散引导、保护儿童的措施。

八、严格落实责任追究制度。学校应当将消防安全工作纳入校内评估考核内容，对在消防安全工作中成绩突出的单位和个人给予表彰奖励。学校违反消防安全管理规定或者发生重特大火灾的，除依据消防法的规定进行处罚外，教育行政部门应当取消其当年评优资格，并按照国家有关规定对有关主管人员和责任人员依法追究责任。

教育部　公安部
2015 年 8 月 1 日

高等学校消防安全管理规定

中华人民共和国教育部
中华人民共和国公安部令
第 28 号

《高等学校消防安全管理规定》已经 2009 年 7 月 3 日教育部第 20 次部长办公会议审议通过,并经公安部同意,现予公布,自 2010 年 1 月 1 日起施行。

教育部部长
公安部部长
二〇〇九年十月十九日

第一章 总 则

第一条 为了加强和规范高等学校的消防安全管理,预防和减少火灾危害,保障师生员工生命财产和学校财产安全,根据消防法、高等教育法等法律、法规,制定本规定。

第二条　普通高等学校和成人高等学校（以下简称学校）的消防安全管理，适用本规定。

驻校内其他单位的消防安全管理，按照本规定的有关规定执行。

第三条　学校在消防安全工作中，应当遵守消防法律、法规和规章，贯彻预防为主、防消结合的方针，履行消防安全职责，保障消防安全。

第四条　学校应当落实逐级消防安全责任制和岗位消防安全责任制，明确逐级和岗位消防安全职责，确定各级、各岗位消防安全责任人。

第五条　学校应当开展消防安全教育和培训，加强消防演练，提高师生员工的消防安全意识和自救逃生技能。

第六条　学校各单位和师生员工应当依法履行保护消防设施、预防火灾、报告火警和扑救初起火灾等维护消防安全的义务。

第七条　教育行政部门依法履行对高等学校消防安全工作的管理职责，检查、指导和监督高等学校开展消防安全工作，督促高等学校建立健全并落实消防安全责任制和消防安全管理制度。

公安机关依法履行对高等学校消防安全工作的监督管理职责，加强消防监督检查，指导和监督高等学校做好消防安全工作。

第二章　消防安全责任

第八条　学校法定代表人是学校消防安全责任人，全面负责学校消防安全工作，履行下列消防安全职责：

（一）贯彻落实消防法律、法规和规章，批准实施学校消防安全责任制、学校消防安全管理制度；

（二）批准消防安全年度工作计划、年度经费预算，定期召开学校消防安全工作会议；

（三）提供消防安全经费保障和组织保障；

（四）督促开展消防安全检查和重大火灾隐患整改，及时处理涉及消防安全的重大问题；

（五）依法建立志愿消防队等多种形式的消防组织，开展群众性自防自救工作；

（六）与学校二级单位负责人签订消防安全责任书；

（七）组织制定灭火和应急疏散预案；

（八）促进消防科学研究和技术创新；

（九）法律、法规规定的其他消防安全职责。

第九条　分管学校消防安全的校领导是学校消防安全管理人，协助学校法定代表人负责消防安全工作，履行下列消防安全职责：

（一）组织制定学校消防安全管理制度，组织、实施和协调校内各单位的消防安全工作；

（二）组织制定消防安全年度工作计划；

（三）审核消防安全工作年度经费预算；

（四）组织实施消防安全检查和火灾隐患整改；

（五）督促落实消防设施、器材的维护、维修及检测，确保其完好有效，确保疏散通道、安全出口、消防车通道畅通；

（六）组织管理志愿消防队等消防组织；

（七）组织开展师生员工消防知识、技能的宣传教育和培训，组织灭火和应急疏散预案的实施和演练；

（八）协助学校消防安全责任人做好其他消防安全工作。

其他校领导在分管工作范围内对消防工作负有领导、监督、检查、教育和管理职责。

第十条　学校必须设立或者明确负责日常消防安全工作的机构（以下简称学校消防机构），配备专职消防管理人员，履行下列消防安全职责：

（一）拟订学校消防安全年度工作计划、年度经费预算，拟订学校消防安全责任制、灭火和应急疏散预案等消防安全管理制度，并报学校消防安全责任人批准后实施；

（二）监督检查校内各单位消防安全责任制的落实情况；

（三）监督检查消防设施、设备、器材的使用与管理、以及消防基础设施的运转，定期组织检验、检测和维修；

（四）确定学校消防安全重点单位（部位）并监督指导其做好消防安全工作；

（五）监督检查有关单位做好易燃易爆等危险品的储存、使用和管理工作，审批校内各单位动用明火作业；

（六）开展消防安全教育培训，组织消防演练，普及消防知识，提高师生员工的消防安全意识、扑救初起火灾和自救逃生技能；

（七）定期对志愿消防队等消防组织进行消防知识和灭火技能培训；

（八）推进消防安全技术防范工作，做好技术防范人员上岗培训工作；

（九）受理驻校内其他单位在校内和学校、校内各单位新建、扩建、改建及装饰装修工程和公众聚集场所投入使用、营业前消防行政许可或者备案手续的校内备案审查工作，督促其向公安机关消防机构进行申报，协助公安机关消防机构进行建设工程消防设计审核、消防验收或者备案以及公众聚集场所投入使用、营业前消防安全检查工作；

（十）建立健全学校消防工作档案及消防安全隐患台账；

（十一）按照工作要求上报有关信息数据；

（十二）协助公安机关消防机构调查处理火灾事故，协助有关部门做好火灾事故处理及善后工作。

第十一条 学校二级单位和其他驻校单位应当履行下列消防安全职责：

（一）落实学校的消防安全管理规定，结合本单位实际制定并落实本单位的消防安全制度和消防安全操作规程；

（二）建立本单位的消防安全责任考核、奖惩制度；

（三）开展经常性的消防安全教育、培训及演练；

（四）定期进行防火检查，做好检查记录，及时消除火灾隐患；

（五）按规定配置消防设施、器材并确保其完好有效；

（六）按规定设置安全疏散指示标志和应急照明设施，并保证疏散通道、安全出口畅通；

（七）消防控制室配备消防值班人员，制定值班岗位职责，做好监督检查工作；

（八）新建、扩建、改建及装饰装修工程报学校消防机构备案；

（九）按照规定的程序与措施处置火灾事故；

（十）学校规定的其他消防安全职责。

第十二条 校内各单位主要负责人是本单位消防安全责任人，驻校内其他单位主要负责人是该单位消防安全责任人，负责本单位的消防安全工作。

第十三条 除本规定第十一条外，学生宿舍管理部门还应当履行下列安全管理职责：

（一）建立由学生参加的志愿消防组织，定期进行消防演练；

（二）加强学生宿舍用火、用电安全教育与检查；

（三）加强夜间防火巡查，发现火灾立即组织扑救和疏散学生。

第三章 消防安全管理

第十四条 学校应当将下列单位（部位）列为学校消防安全重点单位（部位）：

（一）学生宿舍、食堂（餐厅）、教学楼、校医院、体育场（馆）、会堂（会议中心）、超市（市场）、宾馆（招待所）、托儿所、幼儿园以及其他文体活动、公共娱乐等人员密集场所；

（二）学校网络、广播电台、电视台等传媒部门和驻校内邮政、通信、金融等单位；

（三）车库、油库、加油站等部位；

（四）图书馆、展览馆、档案馆、博物馆、文物古建筑；

（五）供水、供电、供气、供热等系统；

（六）易燃易爆等危险化学物品的生产、充装、储存、供应、使用部门；

（七）实验室、计算机房、电化教学中心和承担国家重点科研项目或配备有先进精密仪器设备的部位，监控中心、消防控制中心；

（八）学校保密要害部门及部位；

（九）高层建筑及地下室、半地下室；

（十）建设工程的施工现场以及有人员居住的临时性建筑；

（十一）其他发生火灾可能性较大以及一旦发生火灾可能造成

重大人身伤亡或者财产损失的单位（部位）。

重点单位和重点部位的主管部门，应当按照有关法律法规和本规定履行消防安全管理职责，设置防火标志，实行严格消防安全管理。

第十五条 在学校内举办文艺、体育、集会、招生和就业咨询等大型活动和展览，主办单位应当确定专人负责消防安全工作，明确并落实消防安全职责和措施，保证消防设施和消防器材配置齐全、完好有效，保证疏散通道、安全出口、疏散指示标志、应急照明和消防车通道符合消防技术标准和管理规定，制定灭火和应急疏散预案并组织演练，并经学校消防机构对活动现场检查合格后方可举办。

依法应当报请当地人民政府有关部门审批的，经有关部门审核同意后方可举办。

第十六条 学校应当按照国家有关规定，配置消防设施和器材，设置消防安全疏散指示标志和应急照明设施，每年组织检测维修，确保消防设施和器材完好有效。

学校应当保障疏散通道、安全出口、消防车通道畅通。

第十七条 学校进行新建、改建、扩建、装修、装饰等活动，必须严格执行消防法规和国家工程建设消防技术标准，并依法办理建设工程消防设计审核、消防验收或者备案手续。学校各项工程及驻校内各单位在校内的各项工程消防设施的招标和验收，应当有学校消防机构参加。

施工单位负责施工现场的消防安全，并接受学校消防机构的监督、检查。竣工后，建筑工程的有关图纸、资料、文件等应当报学校档案机构和消防机构备案。

第十八条 地下室、半地下室和用于生产、经营、储存易燃易爆、有毒有害等危险物品场所的建筑不得用作学生宿舍。

生产、经营、储存其他物品的场所与学生宿舍等居住场所设置在同一建筑物内的，应当符合国家工程建设消防技术标准。

学生宿舍、教室和礼堂等人员密集场所，禁止违规使用大功率电器，在门窗、阳台等部位不得设置影响逃生和灭火救援的障碍物。

第十九条　利用地下空间开设公共活动场所，应当符合国家有关规定，并报学校消防机构备案。

第二十条　学校消防控制室应当配备专职值班人员，持证上岗。

消防控制室不得挪作他用。

第二十一条　学校购买、储存、使用和销毁易燃易爆等危险品，应当按照国家有关规定严格管理、规范操作，并制定应急处置预案和防范措施。

学校对管理和操作易燃易爆等危险品的人员，上岗前必须进行培训，持证上岗。

第二十二条　学校应当对动用明火实行严格的消防安全管理。禁止在具有火灾、爆炸危险的场所吸烟、使用明火；因特殊原因确需进行电、气焊等明火作业的，动火单位和人员应当向学校消防机构申办审批手续，落实现场监管人，采取相应的消防安全措施。作业人员应当遵守消防安全规定。

第二十三条　学校内出租房屋的，当事人应当签订房屋租赁合同，明确消防安全责任。出租方负责对出租房屋的消防安全管理。学校授权的管理单位应当加强监督检查。

外来务工人员的消防安全管理由校内用人单位负责。

第二十四条　发生火灾时，学校应当及时报警并立即启动应急预案,迅速扑救初起火灾,及时疏散人员。

学校应当在火灾事故发生后两个小时内向所在地教育行政主管部门报告。较大以上火灾同时报教育部。

火灾扑灭后,事故单位应当保护现场并接受事故调查,协助公安机关消防机构调查火灾原因、统计火灾损失。未经公安机关消防机构同意,任何人不得擅自清理火灾现场。

第二十五条 学校及其重点单位应当建立健全消防档案。

消防档案应当全面反映消防安全和消防安全管理情况,并根据情况变化及时更新。

第四章 消防安全检查和整改

第二十六条 学校每季度至少进行一次消防安全检查。检查的主要内容包括:

(一) 消防安全宣传教育及培训情况;

(二) 消防安全制度及责任制落实情况;

(三) 消防安全工作档案建立健全情况;

(四) 单位防火检查及每日防火巡查落实及记录情况;

(五) 火灾隐患和隐患整改及防范措施落实情况;

(六) 消防设施、器材配置及完好有效情况;

(七) 灭火和应急疏散预案的制定和组织消防演练情况;

(八) 其他需要检查的内容。

第二十七条 学校消防安全检查应当填写检查记录,检查人员、被检查单位负责人或者相关人员应当在检查记录上签名,发现火灾隐患应当及时填发《火灾隐患整改通知书》。

第二十八条 校内各单位每月至少进行一次防火检查。检查的主要内容包括：

（一）火灾隐患和隐患整改情况以及防范措施的落实情况；

（二）疏散通道、疏散指示标志、应急照明和安全出口情况；

（三）消防车通道、消防水源情况；

（四）消防设施、器材配置及有效情况；

（五）消防安全标志设置及其完好、有效情况；

（六）用火、用电有无违章情况；

（七）重点工种人员以及其他员工消防知识掌握情况；

（八）消防安全重点单位（部位）管理情况；

（九）易燃易爆危险物品和场所防火防爆措施落实情况以及其他重要物资防火安全情况；

（十）消防（控制室）值班情况和设施、设备运行、记录情况；

（十一）防火巡查落实及记录情况；

（十二）其他需要检查的内容。

防火检查应当填写检查记录。检查人员和被检查部门负责人应当在检查记录上签名。

第二十九条 校内消防安全重点单位（部位）应当进行每日防火巡查，并确定巡查的人员、内容、部位和频次。其他单位可以根据需要组织防火巡查。巡查的内容主要包括：

（一）用火、用电有无违章情况；

（二）安全出口、疏散通道是否畅通，安全疏散指示标志、应急照明是否完好；

（三）消防设施、器材和消防安全标志是否在位、完整；

（四）常闭式防火门是否处于关闭状态，防火卷帘下是否堆放物品影响使用；

（五）消防安全重点部位的人员在岗情况；

（六）其他消防安全情况。

校医院、学生宿舍、公共教室、实验室、文物古建筑等应当加强夜间防火巡查。

防火巡查人员应当及时纠正消防违章行为，妥善处置火灾隐患，无法当场处置的，应当立即报告。发现初起火灾应当立即报警、通知人员疏散、及时扑救。

防火巡查应当填写巡查记录，巡查人员及其主管人员应当在巡查记录上签名。

第三十条 对下列违反消防安全规定的行为，检查、巡查人员应当责成有关人员改正并督促落实：

（一）消防设施、器材或者消防安全标志的配置、设置不符合国家标准、行业标准，或者未保持完好有效的；

（二）损坏、挪用或者擅自拆除、停用消防设施、器材的；

（三）占用、堵塞、封闭消防通道、安全出口的；

（四）埋压、圈占、遮挡消火栓或者占用防火间距的；

（五）占用、堵塞、封闭消防车通道，妨碍消防车通行的；

（六）人员密集场所在门窗上设置影响逃生和灭火救援的障碍物的；

（七）常闭式防火门处于开启状态，防火卷帘下堆放物品影响使用的；

（八）违章进入易燃易爆危险物品生产、储存等场所的；

（九）违章使用明火作业或者在具有火灾、爆炸危险的场所吸烟、使用明火等违反禁令的；

（十）消防设施管理、值班人员和防火巡查人员脱岗的；

（十一）对火灾隐患经公安机关消防机构通知后不及时采取措

施消除的；

（十二）其他违反消防安全管理规定的行为。

第三十一条　学校对教育行政主管部门和公安机关消防机构、公安派出所指出的各类火灾隐患，应当及时予以核查、消除。

对公安机关消防机构、公安派出所责令限期改正的火灾隐患，学校应当在规定的期限内整改。

第三十二条　对不能及时消除的火灾隐患，隐患单位应当及时向学校及相关单位的消防安全责任人或者消防安全工作主管领导报告，提出整改方案，确定整改措施、期限以及负责整改的部门、人员，并落实整改资金。

火灾隐患尚未消除的，隐患单位应当落实防范措施，保障消防安全。对于随时可能引发火灾或者一旦发生火灾将严重危及人身安全的，应当将危险部位停止使用或停业整改。

第三十三条　对于涉及城市规划布局等学校无力解决的重大火灾隐患，学校应当及时向其上级主管部门或者当地人民政府报告。

第三十四条　火灾隐患整改完毕，整改单位应当将整改情况记录报送相应的消防安全工作责任人或者消防安全工作主管领导签字确认后存档备查。

第五章　消防安全教育和培训

第三十五条　学校应当将师生员工的消防安全教育和培训纳入学校消防安全年度工作计划。

消防安全教育和培训的主要内容包括：

（一）国家消防工作方针、政策，消防法律、法规；

（二）本单位、本岗位的火灾危险性，火灾预防知识和措施；

（三）有关消防设施的性能、灭火器材的使用方法；

（四）报火警、扑救初起火灾和自救互救技能；

（五）组织、引导在场人员疏散的方法。

第三十六条 学校应当采取下列措施对学生进行消防安全教育，使其了解防火、灭火知识，掌握报警、扑救初起火灾和自救、逃生方法。

（一）开展学生自救、逃生等防火安全常识的模拟演练，每学年至少组织一次学生消防演练；

（二）根据消防安全教育的需要，将消防安全知识纳入教学和培训内容；

（三）对每届新生进行不低于4学时的消防安全教育和培训；

（四）对进入实验室的学生进行必要的安全技能和操作规程培训；

（五）每学年至少举办一次消防安全专题讲座，并在校园网络、广播、校内报刊开设消防安全教育栏目。

第三十七条 学校二级单位应当组织新上岗和进入新岗位的员工进行上岗前的消防安全培训。

消防安全重点单位（部位）对员工每年至少进行一次消防安全培训。

第三十八条 下列人员应当依法接受消防安全培训：

（一）学校及各二级单位的消防安全责任人、消防安全管理人；

（二）专职消防管理人员、学生宿舍管理人员；

（三）消防控制室的值班、操作人员；

（四）其他依照规定应当接受消防安全培训的人员。

前款规定中的第（三）项人员必须持证上岗。

第六章　灭火、应急疏散预案和演练

第三十九条　学校、二级单位、消防安全重点单位（部位）应当制定相应的灭火和应急疏散预案，建立应急反应和处置机制，为火灾扑救和应急救援工作提供人员、装备等保障。

灭火和应急疏散预案应当包括以下内容：

（一）组织机构：指挥协调组、灭火行动组、通讯联络组、疏散引导组、安全防护救护组；

（二）报警和接警处置程序；

（三）应急疏散的组织程序和措施；

（四）扑救初起火灾的程序和措施；

（五）通讯联络、安全防护救护的程序和措施。

（六）其他需要明确的内容。

第四十条　学校实验室应当有针对性地制定突发事件应急处置预案，并将应急处置预案涉及到的生物、化学及易燃易爆物品的种类、性质、数量、危险性和应对措施及处置药品的名称、产地和储备等内容报学校消防机构备案。

第四十一条　校内消防安全重点单位应当按照灭火和应急疏散预案每半年至少组织一次消防演练，并结合实际，不断完善预案。

消防演练应当设置明显标识并事先告知演练范围内的人员，避免意外事故发生。

第七章　消防经费

第四十二条　学校应当将消防经费纳入学校年度经费预算，

保证消防经费投入，保障消防工作的需要。

第四十三条 学校日常消防经费用于校内灭火器材的配置、维修、更新，灭火和应急疏散预案的备用设施、材料，以及消防宣传教育、培训等，保证学校消防工作正常开展。

第四十四条 学校安排专项经费，用于解决火灾隐患，维修、检测、改造消防专用给水管网、消防专用供水系统、灭火系统、自动报警系统、防排烟系统、消防通讯系统、消防监控系统等消防设施。

第四十五条 消防经费使用坚持专款专用、统筹兼顾、保证重点、勤俭节约的原则。

任何单位和个人不得挤占、挪用消防经费。

第八章 奖 惩

第四十六条 学校应当将消防安全工作纳入校内评估考核内容，对在消防安全工作中成绩突出的单位和个人给予表彰奖励。

第四十七条 对未依法履行消防安全职责、违反消防安全管理制度、或者擅自挪用、损坏、破坏消防器材、设施等违反消防安全管理规定的，学校应当责令其限期整改，给予通报批评；对直接负责的主管人员和其他直接责任人员根据情节轻重给予警告等相应的处分。

前款涉及民事损失、损害的，有关责任单位和责任人应当依法承担民事责任。

第四十八条 学校违反消防安全管理规定或者发生重特大火灾的，除依据消防法的规定进行处罚外，教育行政部门应当取消其当年评优资格，并按照国家有关规定对有关主管人员和责任人员依法予以处分。

第九章 附 则

第四十九条 学校应当依据本规定，结合本校实际，制定本校消防安全管理办法。

高等学校以外的其他高等教育机构的消防安全管理，参照本规定执行。

第五十条 本规定所称学校二级单位，包括学院、系、处、所、中心等。

第五十一条 本规定自2010年1月1日起施行。